食が楽しくなる♪

365

日の○○

JN101247

国分グループ本社㈱
マーケティング・商品統括部 監修

日本食糧新聞社
Nissyoku

はじめに

　国分は 1712（正徳２）年の創業以来、300 年を超えて、食の流通に携わってきました。生活者の嗜好、ライフスタイルの変化に加え、グローバル化やネットの進展など、食を取り巻く環境はスピードをもって変わり続けています。私たちは、新たな価値創造に向け「食のマーケティングカンパニー」として、食を扱うすべての事業者の真のニーズに対して主体的にお応え続け、顧客満足度 No.1 企業を目指しています。

　今回、創業 310 年を記念して、「食が楽しくなる♪　365 日の〇〇」を発刊いたしました。この本は、今まで私たちが培ってきた問屋マーケティングの集大成となります。

　「食」と聞いて、みなさんはどのようなことを思い浮かべるでしょうか？食は、日々の生活と切り離せないものです。何を、いつ、どこで、何のために、だれのために、どのように、いくらで買ったのか。そして、その情報をどうシェアしたのか。そのような行動から生活者を知り、売り場にどのように導くことができるか、知りたいと思いませんか？その答えを解明する〇〇がたくさん詰まっているのが、まさにこの本なのです。

　この本は、マーケティングに興味を持たれている学生のみなさん、流通業界で働く若手営業のみなさんに楽しく学んでいただきたくことを目的としています。イラストを多く用いてわかりやすくまとめました。
　この本で食のマーケティングを一緒に学びましょう！

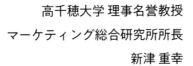

本書発刊の意味と意義

高千穂大学 理事名誉教授
マーケティング総合研究所所長
新津 重幸

1. 消費者から「生活者」へ、
ヒト・ターゲットから「コト・ターゲット」へ、
単品から「品群」へ、のマーケティング戦略実務の指針として

　企業実務におけるマーケティング戦略展開は、1980 年以前とそれ以降で大きく異なる。80 年までの高度経済成長期は単一商品、単一サービスの大量生産、大量販売を目指すマス・マーケティング（Mass Marketing）と称された時代であり、経済学で言うところの「モノを買って消費する『消費者 (Consumer)』」の概念で市場を見ていた。しかし、80 年以降同質欲求を求める大量消費の時代から多様な消費価値観で、ヒトそれぞれに異なる商品・サービスを求めるようになった。この事実は、欲するモノ・サービスはヒトによって異なり、消費者は単にモノを買って消費するといった概念から「モノを購入・使用することによって『生活を創造する』概念」に変革し、日本のマーケティング戦略実務では「消費者」を「生活者 (Consumer Citizen)」と呼ぶようになった。以降、マーケティングは多様なヒトの価値をいかにターゲットとして効率的・効果的に展開するかを求め、個々の生活者の価値観を含めてヒト・ターゲット集団を見出すライフスタイルセグメンテーションの時代となった。

　しかし、モノ・サービスを生活者は様々な場面や場所、時間・時期に合わせて購入・使用し、「生活を創造」している。

　ターゲットとしてのヒトを細分化し続けることは、極論すると個々人別々にモノ・サービスを開発・生産・販売しなければならなくなる。ここにおいてヒトを細分化する限界が生じ、モノ・サービスを一人のヒトがどのようなコトや場面で購入・使用するのかが問われてきた。これが今日まで続いているマーケティング戦略の「コト・ターゲット論」である。このようなマーケティング戦略実務の解釈は日本独自の考え方であり、モノ・サービスは一人のヒトが多様なコトにモノ・サービスを使用し、この「モ

ノ×コト＝生活シーン」の数が市場ボリュームを形成すると解釈されている。

　つまり、モノ・サービスは一人の生活者があらゆるコトに購入・使用し、一人のヒトが同じモノ・サービスであっても様々なコトに消費し、多様な生活を創造すると考えられた。市場ボリュームはコトの数分だけ無限に拡大することができると考えられる。この「生活者」の「コト」をモノ・サービスにマッチングさせる手法のために、私たちは【生活カレンダー】と称する指標を作成し、取り組んできた。この【生活カレンダー】は、普段の生活に影響を与える季節や天候、催事・歳時によるモノ・サービス購入・使用のチャンスを見出すための指標である。一般的に一年52週の週単位のコトに対する意識価値・欲求にどのようなモノ・サービスが求められるかを明らかにしようとするフォーマットである。以下のような記入フォーマットで作成される。

【生活カレンダー】記入フォーマット

　このフォーマットを、メーカーは自社の商品・サービスカテゴリーを中心に作成し、小売業やサービス業は利用する生活者のその時々の生活を重点とした、商品・サービスカテゴリーを中心に作成する。特に小売業では、購入チャンスを高める様々な品揃えや品群・メニュー群の陳列から訴求ポイントを明らかにし、販売計画や販売促進計画に活用する。

　本書の最大のポイントは、第2章でこの点を明らかにし、いかなる販売テーマを立案し、具体的にどのようなコトにモノ・サービス群を提案したら良いのかを示している。また、同章では生活者へ日々、あるいは52週、月単位の具体的コトテーマとそ

のコトに関わる品群やサービスを明らかにしてくれているが、それはテーマの主商品に関わる品群訴求であり、第2章には示されていないが、ベースに以下のような【ぐるぐる MD マップ】の検討から販促テーマと訴求品群カテゴリー提案に必要な原案としている。

【ぐるぐる MD マップ】「ちくわ」

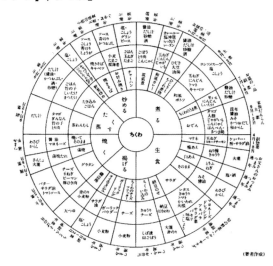

(著者作成)

　さらに、第1章では、コロナ禍とコロナ後の生活変革を明らかにし、卸売業としての広い視点から今日的市場の在り方や生活者価値観の変革など、様々な視点からマーケティング命題を明らかにしている。そして、第3章では具体的に卸売業の視点から今後の有望市場や商品・サービスの動態と命題を極めて実践的に示している。

　したがって、本書は多くのメーカー・卸・小売業の実務者の具体的実務指標を明らかにしていると同時に、これから実務に関わる学生やこれらに興味を持つ生活者自らが考える生活の指針とも言える。

2．国分グループ本社が本書を発刊する意味と意義

　卸売業に対する認識は、多くのヒトにとってメーカーと小売の中間に位置するくらいの理解であろう。しかし、その具体的な産業として形成されたのは江戸時代の「問屋」にある。この「問屋」は各商品別に商品取扱業務に従事した商品集積業であり、当時引き売りと言われた小売人や特定の藩の御用商人として商品を卸していたと言え

よう。そこで、310年の長い歴史を持つ『国分』の歴史を若干紹介しておく。

　創業は1712年の江戸中期、現茨城県土浦の醤油メーカーであった。そして、大消費地の江戸（東京）での市場を確保するために利根川から江戸へ水運輸送を利用した。江戸（東京）の販売拠点として日本橋に開業、現在もその地に本社を構え、特筆すべきはその住所が「日本橋1丁目1番地」であることだ。「醤油」の特権問屋の地位は幕末まで続いたが、明治時代に入ると特権問屋制度が崩壊し、経営の危機に陥り「醤油」醸造業を廃業することになった。

　こうした混乱の中で、八代目国分勘兵衛氏（代々国分の代表は勘兵衛の名を襲名する）は、新たな商業機会として外国への製茶貿易の売り込みに成功し、南伊勢の製茶産業の育成に成功した。つまり、地域産業市場を形成するための卸売業としての地位を築いたと言える。

　産業育成は「ひと儲け主義」では成り立たない。中間事業者としての誠実さが求められる。この誠実さを評価され全国優良製品を取り寄せることに成功、明治以降全国の産品の食品総合卸としての地位を築いた。大正・昭和戦後の60年代までは小売業は零細であり、中小の食品メーカーも小売販路開拓にかける資源も乏しく、国分はメーカーに対して無数の販売拠点（小売）に買い場機能を提供する巨大中間拠点としての地位を築いてきた。

　日本の卸売業は、全国卸−地域エリア卸−地域卸、等々、全国メーカーが零細であっても小売の買い場開拓を満足させるために、各地域単位まで細分化した細やかな流通経路がないと成立しなかった。このために長い取引流通（商的流通）と商品配荷の機能（物的流通）が求められた。全国卸としての帳合（商的流通契約）権を確保できるポジショニングが「国分」であり、90年頃まで卸として長い間、首位「国分」、2位「明治屋」の構図を確立していた。

　しかし、これら全国卸の流通利権は、70年代のスーパーマーケットの台頭と成長により、長い流通経路の意味と意義を失わせることになった。特筆すべきは、65年頃より叫ばれた「流通革命論」であり、この主役は当時急成長を遂げたスーパーマーケットチェーン「ダイエー」であろう。当時、「ダイエー」の創業者故中内功氏は「問屋無用論」を提唱、つまり長い流通経路で発生する問屋が得る利益（帳合料）を“ゼロ”にすれば、メーカーと小売がダイレクトに直結し、その中間流通マージンを生活者に還元できるとしたのである。

つまり、スーパーのチェーン化（大量出店と店舗全体を本部一括集中仕入れする本部仕入集中主義）は、その理論からすれば生活者のための主導業態とも言える。しかし、この理論は商的流通（メーカー直取引）では一理あるが、モノを「小売－生活者」の手に渡すためにはきめ細やかな輸送・運送網が求められ、メーカーの生産商品が欠品しないように各地域単位に物流センターが求められた。理論上「問屋中抜き」は成立するが、実際の物流コストを考えると卸売業の地位を排除できなかったのである。

　70年代から80年代「業種店」から「業態店」への論議が成された。「業種店」とは特定商品のみを扱う川上からの「仕入れ」の論理であり、通常 " 八百屋 "、" 魚屋 "、" 乾物屋 " 等、屋号で呼ばれた。したがって、生活者の食卓を完結させるためには「業種店」を買いまわる必要があった。そして、零細がゆえにメーカーの定価で販売せねばならなかった。

　一方、「業態店」は生活者の生活を完結させる川下からの発想であり、70年代急成長を遂げたスーパーマーケットチェーンは、生活者の食卓に必要なあらゆる素材を一か所で購入させる機能を持ち合わせていた。戦後、初めての「業態店」と解釈できよう。80年代になるとコンビニエンスチェーンが登場し、いつでもどこでも完成した食品、メニューが購入でき、食事をつくる手間を省く「省労力・省時間」の生活者満足発想の業態が登場した。これ以後現在まで、日本の小売流通業は多店舗チェーン化による「業態店」が主流となっている。

　こうした小売業態の変革は、中間事業を推進する卸売業もメーカー商品を単に仕入れる発想から、メーカーのマーケティングをサポートし、いかに小売業態の地位を保証するかの「卸売業態改革へ」と時代は激変した。

　メーカー・小売間の全体最適を目指すために、地域卸を含む長い流通経路の整備と全国卸による地域卸の系列化や再編を推進し、全国や地域で発展するスーパーの必要な商品を、欠品させずに流通させるシステムや商品流通センターの整備等、実はスーパーがやるべき事象を、国分を中心とする全国卸がその機能整備とサポートのシステム化を完結したと言える。

　80年代までに、全国卸の「国分」「明治屋（現三菱食品）」が主体となり、個々バラバラだったエリア・地域卸経営の再編と系列化を促進させ、流通コストの削減や欠品を生じさせないで、スーパーの競争価格を実現した。また、生活者が適正な価格で商品が手に入る役割としての主体者の地位を卸業態が築き上げた。加えて80年代以

降、物流センターを主体的にサポート・設立し、ストックセンター（DC：Distribution Center）、日々の商品が必要な量だけ適宜流通させる（TC：Transfer Center）、一店舗に必要な無数の商品を揃えて配達する（PC：Picking Center）、等の商的流通、物的流通の主体者となった。

こうした商流・物流の近代化の主役と同時に、90年以降生活者がダイレクトに商品を受取る小口物流配達（宅配）の台頭に合致させるべく、2000年以降、これら小口物流の仕組みも導入し、今日の卸売業態として変革し、EC取引等にも対応できるシステム機能まで卸業態の領域を進化させている。

「国分」は、これら全国卸動向の牽引役を果たしてきたと言える。さらに、今日のスーパーは自社独自のプライベートブランドの店内シェアを拡大しつつあるが、これも多くのメーカーとの媒介を担っているのは「国分」に代表される全国卸が果たす役割も大きく、同時に全国卸独自のプライベートブランド開発を推進し、生活変革と生活創造に寄与していると言える。

卸売業は問屋と言われる中間業種店から「メーカー小売の課題解決」を図る業態店として変革し、さらに今日、より生活の近代化とデジタル時代の生活満足を推進する「総合生活創造機能」の立役者となっていると言える。

本書は長い歴史と経験の中から「メーカー－小売業－生活者」と共に300年を経過した「国分」が今日求められる「総合生活創造産業」への転換と、社会に求められる様々な生活サポートを「メーカー－小売業－生活者」の三位一体の主体者としての役割機能を目指す指標として発刊されたものである。正しく卸売業態は「総合生活創造産業」を求められる。社会と共に歩んだ300年の歴史と「その後10年間、社会と共に生活を創造する」ために取り組んだノウハウの集約とコロナ禍後の未来を予見する理念が本書発刊の意味と意義である。

プロフィール：新津 重幸（にいつ　しげゆき）／1948年1月2日生まれ。1972年早稲田大学大学院商学研究科修士課程修了。同年㈱読売広告社 マーケティング部を経て、1980年高千穂商科大学（現高千穂大学）専任講師に着任。現在、高千穂大学理事・名誉教授／同大学院客員教授。元早稲田大学アジア太平洋研究科講師、航空自衛隊幹部学校指揮幕僚課程講師、（社）新日本スーパーマーケット協会・客員教授、埼玉県川越市中心市街地活性化協議会会長、（一社）日中未来産業推進協会代表理事。1990年生活者と企業活動を結ぶ研究・開発を目的として「マーケティング総合研究所」を設立、現在に至る。RFID（ICタグ）システム研究、商品開発・業態開発のプロジェクト等、広範囲に実践的マーケティング活動を展開。また、各社顧問として提案型営業の実務的指導を行っている。

Contents

••• 本書の見方 •••

【第1章】卸視点のマーケティング

　食品流通に特化したマーケティングの内容となっています。「I マーケティングとは何か？」は、食におけるマーケティング、食品卸業の役割について、「II 生活者の心理と市場の動き」は、生活者の買い物行動・意識に基づいたマーケティングを説明、「III 実践　マーケティング戦略」は、国分グループのマーケティング支援機能についてご紹介しています。

【第2章】12か月の生活カレンダー

　「12か月生活カレンダー」は、365日を12か月に分けてその月のポイント、月の中の週ごとの販促企画テーマや打ち出しポイントを掲載しています。また、2種類の販促企画書（メイン企画とスキマ企画）も掲載し、販促提案に活用することができます。

※本章は、マーケティングの入門書です。お取引先とはさらにバージョンアップした12か月52週の生活カレンダーで商談にのぞんでいます（プロフェッショナル仕様です）。詳しく聞いてみたいという方は、国分グループ本社㈱マーケティング・商品統括部までお問い合わせをお願い致します。

【第3章】今後の有望市場

　第3章では、国分グループ独自の分析により、今後拡大が期待される注目市場の中から健康美容市場としての「睡眠」「オートミール」「H &BC（ヘルスアンドビューティケア）」を取り上げています。
加えて2023年にトレンドになりそうなキーワードについて解説しています。

※本書に掲載している具体的な商品は、すべて国分グループ取扱商品です。

卸視点のマーケティング

コロナ禍を経てモノの価値観にも変化が現れました。今後市場はどう変わるか、予測するヒントを国分流に考えます。後半は国分のマーケティングツールの一部をご紹介します。

マーケティングとは何か？

食品業界でもマーケティング力が求められるわけ

　食品業界における最近のマーケティング活動の大きな転機は、コロナ禍での緊急事態宣言による生活者の行動だった。

　2020年3月、小売業には生活者が殺到し、当面のストック品を買い走ったので、小売業はその対応に追われ、特売は消滅。メーカーも既存商品の製造を優先し、新商品はほとんど発売されず、CMも減った。

　生活者は在宅時間が増え、外出できない憂さ晴らしを既存メディア以上にネットに求めた。テイクアウト、宅配の需要が大きく伸び、接触を嫌うためにキャッシュレス決済の普及も一気に進んだ。

　コロナ禍により、予測を上回る速さで時代が一気に進んだ。

　メーカーも卸売業も小売業も、特売をしなくても商品が売れると知った。また、外食産業も以前のように満席まで客を受け入れることは当分の間できないと感じただろう。これからの狙いは、外食機会の頻度が落ちる分、客単価を上げ、売上減少を防ごうとするだろう。希少（限定）、（インスタ）映え、有名（ブランド）、地方応援、そして本当においしいとなれば生活者はついてくる。

　時代の進み方が早い今こそ、マーケティングの出番だと感じている。

　生活者の行動を知ることで、流行は作ることができるようになった！

これまでの市場 ➡ **コロナによって生活が一変** ➡ **これからの市場**

- 特売をしてもそこそこしか売れない
- お金をかけてCMを流してもそこそこしか売れない

- 特売せずともストック品は品薄に
- 生産が追いつかず、既存品の製造に専念

　新商品を出してる場合じゃない！

- 外出しなくて済むネットショッピングが大盛況
- テイクアウト、宅配の需要増
- キャッシュレス決済が普及
- 特売をしたら密になると怒られる状況に

- 時代の流れにのれば売れる
- 付加価値のあるものにお金を出す

限定　おいしい　有名　希少　地方応援

マーケティングとは

広辞苑では

「商品の販売やサービスなどを促進するための活動。市場活動。」
と定義。

経営学の大家、ピーター・ドラッカー氏は

「マーケティングの理想は、販売を不要にするものである。」
と述べている。

「買ってください！」とプッシュしなくても生活者が自然に買いたくなる状態をつくるためには、ニーズに合った商品を、ターゲットに向けて情報発信していく。究極は One to One マーケティング※注だろう。ネット上なら特に仕掛けやすい。

商品開発から販売戦略の策定、広告宣伝、効果検証までの一連のプロセスを計画し、一貫して実行・管理する。すなわち商品が「売れる仕組み」をつくるということが、マーケティングの全体像になる。

※注　顧客一人ひとりに合わせたマーケティング

食品流通業はコロナ禍による3密制限で集客を避けて、チラシ特売が消滅した。

But！
→巣ごもり消費で想定以上に売上増

外食は苦戦した。

Why？
→とくに飲酒系は満足な集客がいまだにできていない

ネットは売れた。

Why？
→在宅時間も長いし、何しろ接触しないで買える

外出、旅行も少しずつ遠出へ。やっぱり車がほしい。

→軽自動車、カーシェア、（新車生産が間に合わず）中古車が売れた

これからどんなことが起きるだろう？

生活者は
何を、いつ、どこで　何のために、
だれのために、どのように、いくらで買ったのか。
そして、どう思って発信（シェア）したのか？
それを知り、生活者の考えの半歩先の
提案をする。
そのためには生活者を知る必要がある。
これがマーケティングの基本姿勢である。

商品価格の上昇が続いているが…
↓
やがて元の安売り合戦に戻る？
安売りではない情報提供が大事に
今後ますます POP は売り場で重要

ネットでは大きさとかサイズ感が良くわからない
↓
アバターからメタバースへ？

外食は苦戦したが徐々に復活している
↓
この状態が続く。デリバリー、テイクアウト、おひとり様需要の対応

生活者の動向を何から得るのか

　世の中には生活者の動向を知る手段はさまざまある。まずは国が提供してくれる情報だ。なかでも家計調査や国勢調査は歴史もあり、使い方にコツは必要だがたいへん有用な情報だ。利用については無料であるから使わない手はない。世の中の大きな動きを見つつ、図にあるようなデータを用いて、生活者の買おうかな？ という気持ちから、買ってよかったからみんな見て！ という一連の動きまで追いかけることで、彼らの行動が見えてくる。

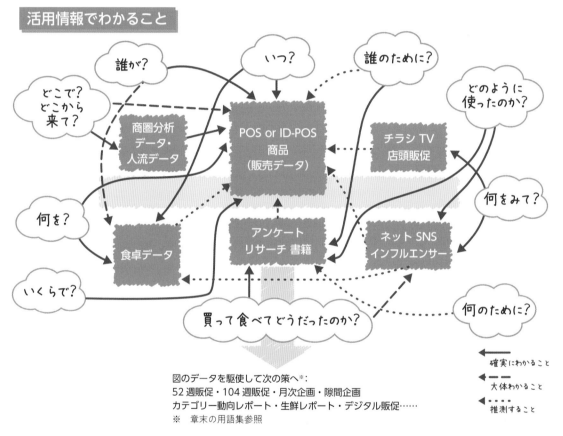

活用情報でわかること

誰が？　いつ？　誰のために？　どこで？どこから来て？　どのように使ったのか？

商圏分析データ・人流データ　POS or ID-POS 商品（販売データ）　チラシ TV 店頭販促

何を？　食卓データ　アンケートリサーチ 書籍　ネット SNS インフルエンサー　何をみて？

いくらで？　買って食べてどうだったのか？　何のために？

確実にわかること
大体わかること
推測すること

図のデータを駆使して次の策へ※：
52 週販促・104 週販促・月次企画・隙間企画
カテゴリー動向レポート・生鮮レポート・デジタル販促……
※　章末の用語集参照

こぼれ話

　生活者の動向をつかむのは、自分自身も生活者であることを考えればそれほど難しいことではない。業界に縛られる必要もなく、たとえば生活者にとっては、家庭用・業務用といった区別はない。食べるという行為は同じで、どこで誰が作って誰と食べるのか？ その違いだけである。だから、一部の業務用商品が生活者に売れるのは当たり前で、家でも便利に使えて価格も手頃でおいしい商品は買う。ただし、冷蔵庫に入る大きさかどうか？ など物理的な要因まで考慮しなかったことが、海外から日本にやってきた一部の小売業が日本から撤退した原因の一つかもしれない。

メーカーと卸売業のマーケティングの考え方

　メーカーは自社で販売している商品やそのカテゴリーについて、狭いが深く掘り下げて分析をしている。自社の商品がいかに優れており、市場に受け入れられる商品なのか？　導入後にどのような販促をするか？　などマーケティング機能を磨いている。

　一方、卸売業は、取り扱う商品のカテゴリー数がとても多いため、広く浅く全体を眺めるように研究をしている。そこで、狭く深く研究しているメーカーと協力することで生活者に合わせた提案が実現できている。

食品流通の基本的な枠組み

　ここで、食品流通の基本的な枠組みについて確認しておこう。食品流通とは、生産者・メーカーによって作られた食料が物流加工されて（またはそのまま）、生活者の手元に届くまでの過程を指す。

　メーカーは食品を加工し、小売店や外食店では生活者に食品を提供する。その間を取り持つのが卸売業だが、日常の生活で食品卸を目にすることはほとんどないだろう。

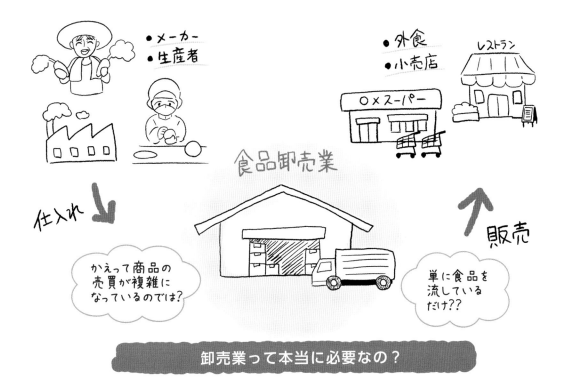

●メーカー
●生産者

●外食
●小売店

レストラン

○×スーパー

食品卸売業

仕入れ

販売

かえって商品の売買が複雑になっているのでは？

単に食品を流しているだけ？？

卸売業って本当に必要なの？

卸売業の役割

　卸売業は、生産者・メーカーがつくった商品を仕入れて主に自社倉庫で商品を在庫し、小売業をはじめとするお得意先からの注文を受けて必要数量を納品している。

　この話だけ聞くと、生産者・メーカーが直接店舗に商品を持っていけばいいように思うかもしれない。卸売業は、ただ真ん中に入って、商品を流通しているだけなのだろうか。

　なぜ食品卸売業が必要なのだろう？

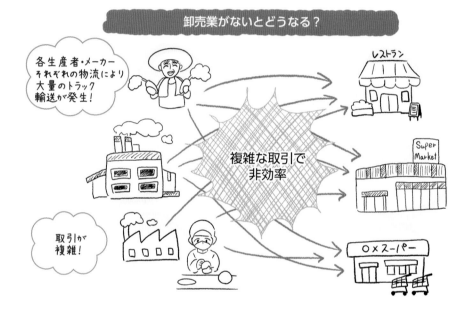

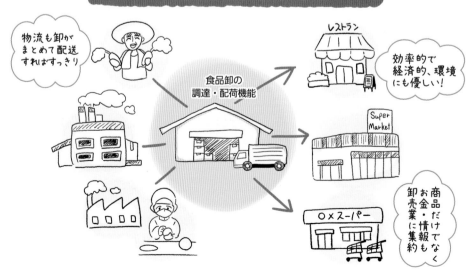

卸売業の役割とは

流通の効率化を推進し、新たな価値を創造すること

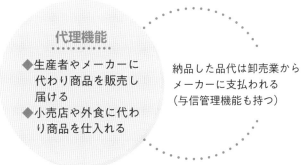

代理機能

◆生産者やメーカーに
代わり商品を販売し
届ける
◆小売店や外食に代わ
り商品を仕入れる

納品した品代は卸売業から
メーカーに支払われる
(与信管理機能も持つ)

国分の強化機能3つの柱

商品力

◆開発(メーカー国分として)
◆発掘・選定・組み合わせ
(卸としてのMD*注)
◆調整(大手メーカー商品の販売)

支援機能

◆売れる仕組みづくり
◆経営サポート
◆情報提供　など

物流機能

◆物流サービス向上
◆ローコスト化
◆物流品質

※注　マーチャンダイジング、商品化計画

　卸売業は、商品を確実に販売し、届けることがもっとも重要な役割である。繰り返しになるが卸売業は販売しているすべてのカテゴリーについて、広く浅く研究している。卸売業とメーカーが取り組むことで、より生活者が買いやすい、そして利用しやすい提案の中身を作っていく。

　また、これからの卸売業は、メーカーのコーディネート機能を持たなければお得意先にもメーカーにも必要とされなくなる。自社が販売している商品の範囲だけでは不足している。

　商品販売は卸売業の本業である。選ばれる卸売業、生き残る卸売業になるために、新しい価値創造が必要なのだ。新しい機能とサービスの発想が求められている。

生活者の心理と市場の動き

時間を忘れて買い物できる方法とは？

　スーパーの売り場では心地よい音楽が流れていて、窓が少ない。ゆったりとした気持ちで、たくさんの商品が見やすい場所に並んでいる。ウィンドウショッピングをしているかのように売り場に滞留させ、もう一品余計に買わせる工夫がなされている。（日暮れや雨など気にせず）時間を忘れて買い物してほしいから、なるべく窓をなくし、レジの向こうに窓を配置している[※注]。

　ショッピングモール内のお店などはまったく窓がなく、時計もほとんどない。買い物楽しかったね！あ、もう夜なんだ、と帰る頃にやっと気づくという仕掛けになっている。

※注 店舗の強度が確保しやすいなど諸説ある

　スーパーで買い物をする方のうち8割が女性という状況は変わっていく。単身者が男女とも増え、男性の買い物の機会も増えていく。すると、お店は工夫が必要になる。男性は目的買いが多く、余計なものは買わない（買いたくない）傾向が強い。しかし、素早く買い物をして自分の時間を有効に使う人がこれからは、性別にかかわらず増えていくと予想する。

こぼれ話
「俺の店」

　単身者（単身赴任含めて）が多い地域は、店内に単身者向けコーナーがあるとありがたい。できればクリーニングコーナーの近くで、惣菜、ミニ調味料、酒、袋麺、カップ麺、卵、ヨーグルト、納豆、乾麺、ティッシュ、トイレットペーパー、洗剤（風呂用やトイレ用も）、リンスインシャンプーなど。これらが1コーナーに集まっていれば、助かるのではないだろうか？

スーパーでの売り場の工夫

　野菜の自給率は意外と高く 80％近い。青果は色味もきれいなうえ季節感も出せるので生鮮品の中でも、店に入って最初のコーナーにある。加工食品を起点とするのではなく青果を起点とした ID-POS 分析に基づく売り場づくりが有効だと考えている。

キャベツは春と秋の2回、旬がある

春キャベツ

秋キャベツ

キャベツの料理といえば……

回鍋肉

お好み焼き

もっと考えよう

ギョウザ

焼きそば

豚カツ

麺と豚肉をキャベツの近くに置いて、まとめ買いしてもらおう！

　青果の次に旬の食材で重視されるのが鮮魚だ。しかし、世界の漁獲量はピーク時の半分程度にまで落ち込み、サンマは高級魚となり、ウナギも庶民には手が届かなくなりつつある。これは農業、畜産業と異なり漁業はいまだに早い者勝ち、獲ったもの勝ちの仕組みだからだ。望みがあるのは養殖魚である。養殖や畜養の魚種が増えれば望みはつなげられるかもしれない。

　養殖の世界的な成功事例の一つがエビだろう。エビの養殖は水槽体積当たりのコストが勝負だったが、技術の進歩でその在り方も変わってきているようだ。エビは火が通ると赤くなり、紅白を好む日本人の好きな食材である。エビと同時購入される食材にサツマイモがある。なぜだかおわかりだろうか？

エビとさつまいもの同時購買分析

エビと同時に購入される食材は何だろう

エビチリ

エビフライ

同時購買データで解析

エビ

？

サツマイモ

サツマイモを販促しよう！

天ぷら

社会情勢から考えるマーケティング

自給率の高い米に注目

　世界各地で気候変動による自然災害が発生、また世界情勢の変化により、輸入品は不安定な状況となっている。排他的経済水域のすぐ近くで軍事的な示威行為が増え、安心して漁業もできないだろう。そのような中、食料の完全自給にはほど遠い日本で、米と野菜は自給率が比較的高く、価格も安価で安定している。

　例えば、茶碗一杯（中盛0.4合）はいくらぐらいかご存じだろうか？ 米5kgは約33合、80杯ほどとなる。お買い得品で1,300円／5kg程度で販売されているので、茶碗1杯約16円ほどである※注。一方で、まだまだ値上がりしそうな食パンは一斤138円くらいとすると、6枚切り1枚約23円となり米の方が割安感がある（光熱費除く）。今こそ米が見直されるチャンスだと、わかっていただけただろうか。

※注　その米も2022年新米から、コスト増などにより価格が上がってきている。

お米回りの商品も一緒に販売

　パン食が割高だからごはんを食べよう、となると、ごはんのお供もニーズが高まるはずである。即席みそ汁、納豆、ふりかけ、お茶漬けなどの販促もあわせて強化したい。

　しかし、米の生産量は毎年着実に減っていて、2021年は約700万t、備蓄米は約100万t。今までの米離れのペースで生産を計画しているためと考えられる。毎日パンを食べているかたの半分程度がごはん食に代わると米は不足してしまう。

　とはいえ、今はインディカ米（細長い米）のバスマティライスなど高級でおいしい輸入米がたくさん存在している。今後もさまざまな輸入米が増えていくことを想定し、おいしい輸入米の食べ方なども提案するようにしたい。

市場はどう動く？
ウクライナ情勢　コロナ　輸入食材の高騰
軍事的示威行為　異常気象
国産のものを買うしかない！
ご飯　野菜
お米回りの商品も一緒に販売　ふりかけ
米が足りなくなる？
輸入米人気??

どんな世の中になっていくのだろう？

近未来予測

**肉ばかりでなく
魚も足りなくなる**

　世界的な人口増で肉の需要はますます高まっていく。当然足りないので今後は代替肉を利用するしかない。他方、すでにサンマが高級品となってしまったように、旬の天然魚の漁獲は減る一方である。ASC 認証や MSC 認証※注など環境に配慮した取組みが広がり始めている。

※注　ASC 認証：水産養殖管理協議会による、環境に負担をかけず地域社会に配慮して操業している養殖業に対する国際的な認証制度
　　　MSC 認証：「海のエコラベル」は、水産資源と環境に配慮し適切に管理された、持続可能な漁業に関する認証

**養殖に力を入れ、
採卵から育てる
漁業を進めていく**

養殖魚介の取扱いなどで、サステナブルでメニューの幅も広がる売り場を作っていこう

近未来予測

**エネルギーは
不足する**

　世界中でエネルギー需給のバランスが崩れてきている。日本では電気もガスも供給に対する不安が起きている。国によっては、電気もある日突然止まってしまうこともある。そこまでとはいわないが、万が一に備えることは重要だ。

一次エネルギー自給率の推移

%
60
50
40
30
20
10

1960 1970 1973 1980 1990 2000 2005 2010 2011 2012 2013 2014 2015 2016 2017 2018 2019　年度

出所：経済産業省資源エネルギー庁「エネルギー白書 2021」

**たまには電気を
使わない暮らしに
フォーカス**

カセットコンロでのバーベキューを提案してみよう（ボンベの在庫）

近未来予測

**健康の中でも
「免疫」が
キーワードとなる**

　在宅時間が増えたことであらためて自身の健康について見つめなおす機会が増えているようだ。第3章にまとめているが、からだや健康の悩みが増えている。むくみは在宅勤務中ならストレッチなどで解決できる方法があるのだろうと思う。また、新型コロナウイルス感染症への警戒も薄れないので「免疫」というキーワードも重要だろう。

健康に気を遣う中でも特に、腸活で免疫力をアップしたい

免疫力を高める食品に注目（レンコン、ジャガイモ、ブロッコリーに多く含まれるビタミンＣは、白血球の働きを強化し免疫力を強化）

さまざまな視点からのマーケティング

　最近では、小容量の商品が増えていることは皆さんもお気づきのことだろう。本当にすべてが小容量化しているのだろうか？ そこで、30年以上前のPOS情報を今の時代のPOS情報と比較して検証してみた。その結果、シリアル、レギュラーコーヒー、野菜ジュースの容器は、逆に大型化していることがわかった。それらの品目は以前よりも食卓に上る頻度が高くなったと考えられる。30年以上の年月をかけて日本になじんできたカテゴリーなのだろう。

30年前と現在との商品の違いを調べてみよう

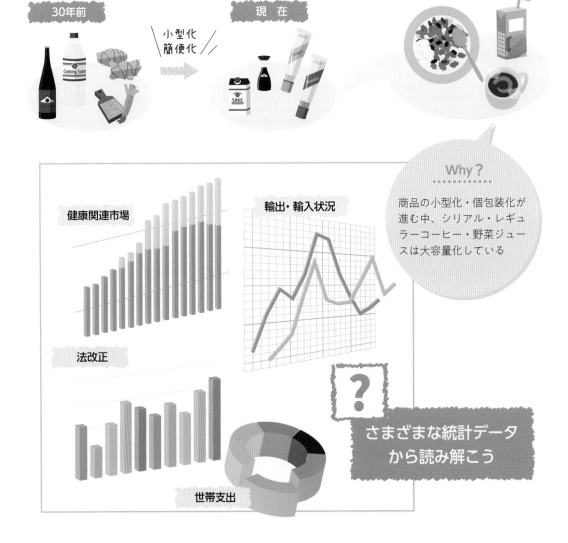

30年前 → 小型化 簡便化 → 現 在

Why？
商品の小型化・個包装化が進む中、シリアル・レギュラーコーヒー・野菜ジュースは大容量化している

健康関連市場

法改正

輸出・輸入状況

世帯支出

？ さまざまな統計データから読み解こう

あらゆるところにアンテナを張ろう

Why?
キャンプの達人は
秋から冬に
キャンプに行く

キャンプは虫の
いない冬が
おススメ！

キャンプ特集

簡易ストーブ

即席スープ

何を提案して
いけばいいだろうか？

毛布

無洗米

ホットコーヒー

一つの施設があらゆることをまかなう総まとめの時代に

ネットショッピング

地域密着の商売

SUPER MARKET

移動販売
見守り

健康管理

　小売業がメインでありながらリフォーム事業にも取り組んでいる企業がある。とある地方の小売業の例だが、元々プロパンガスも手掛けていて配達も多く、また高齢者世帯からの信頼も厚い。地元に詳しいから職人も集めやすい。口コミで評判が広まり、次の職人も育てるくらい好評になっている。

食品以外のことにも目を向けよう

ドラッグストア

薬

1月 花粉症
4月 オーラルケア
5月 五月病
6月 水虫対策

男性向け便秘対策

　生活者は食品だけを買っているわけではない。ドラッグストアでも週や月単位での販促に積極的な企業があり、たとえば4月は、食品担当者なら「朝食フェア」だがドラッグストア担当者なら「オーラルケア」が思い浮かぶだろう。新入学生、新社会人としては、お口のにおいも気になるはず。なるほどと思う企画では、ぜひ関連販売したい。ただし、異業種では「水虫対策」などコラボしにくい企画も結構あったりするのも事実……。

こぼれ話

　以前は温泉地など旅番組が多かったが、今はプラスでグルメの要素が増えている。現地に行けなくても「お取り寄せ」ができる商品はTV番組としても有用だ。

　そういう意味ではTV TOKYOの「虎ノ門市場」やTBSの「せっかくグルメ」は、波に乗っている。この種の番組は、インタビューの相手や現地の人の方言を交えた軽妙な会話が面白い。今後も行ってみたい、食べてみたい流れは継続するようだ。地元への貢献度も高い。

Ⅲ 実践 マーケティング戦略

「食のマーケティングカンパニー」を目指して

卸売業は、食の製造と販売をつなぐ結節点。お取引先は食に関わるメーカー・小売業・外食産業など多岐にわたる。「何が売れて、どうやれば売れて、どうすれば集客できるのか」。食に関わる多様な生活者ニーズを読み解き、商品・物流・サービスを創造・提供し、「欲しいモノを欲しい人にお届けするコト」の機能こそが原点なのである。ここでは、マーケティングの観点から現在提供している具体的なサービスを紹介する。

３つの視点でマーケットを立体的に「見える化」

望遠鏡的視点

マーケット全体を
読み解く

顕微鏡的視点

顧客・エリア・商品を
掘り下げる

Ｘ線的視点

生活者の本音を
とらえる

「欲しいモノを欲しい人にお届けする」ための具体的な提案につなげる

生活者を研究

● データ分析
● アンケート調査
● ネットでの
　行動分析

生活者の **本音**
（インサイト）
を
可視化して、
マーケットを
読み解いていく

**売り場・現場への
落とし込み**

取引先の「知りたい」情報をお届け！

● トレンド予想
● 生鮮レポート
● デジタルツール
● 生活カレンダー
● 商圏分析

小売のここ が知りたい

？

次の半期の 市場は どう変わる？

提供ツール① 小売向け

カテゴリートレンド予報

国分グループ本社マーケティング・商品統括部では半期に一度、カテゴリー動向レポートを作成している。同レポートでは酒類と食品、菓子、日配品、冷凍食品帯およそ 150 カテゴリーについて、商談の中でつかんださまざまな情報を集約、分析し、大胆かつ繊細に次期トレンドを予想している。国分は非常に多くのお取引先をもっており、さまざまな業種・業態への出荷実績を保有している。これらを活用して、**AI による需要予測**も始めている。

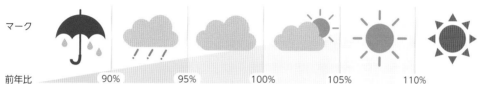

マーク					
前年比	90%	95%	100%	105%	110%

カテゴリー	マーク	下期市場概況予測
マヨネーズ		今期市販用マヨネーズは前年比106%と好調に推移。この好調要因は、第一に家〔…〕ズの消費量が大幅に増加したことがあげられる。また、マヨネーズの万能調味料〔…〕モートワークの拡大により朝の慌ただしい時間に余裕が生まれたことで、朝食〔…〕したことも要因と考えられる。ゆでブロッコリーや卵料理（ベーコンエッグ〔…〕での使用も増加傾向。普段から健康を気遣っている方が増えているこ〔…〕いその割合も増え、70 代の 9 割は普段から健康に気遣っている）健康訴求タ〔…〕見せている。7 月以降マーカー各社価格改定を予定しており、先行き不透明で〔…〕ウンは一時的なものと考えられ、トータル的にみると前年並みと予測。 **マヨネーズの万能調味化がさらに促進**
味噌		今生味噌において 4 ～ 5 月の家庭用は苦調し、業務用においても若干の回復傾向が見られるが全体では苦戦中。そんな中、家庭用味噌では「だし入り」「無添加」「減塩」タイプが伸長。景気の先行き不安から「だし入り」の〔…〕ような〔…〕りから「減塩」のような「健康訴求品需要」の増加、家中消費の拡大から〔…〕向は続く〔…〕ものニーズ」の継続が主な要因。10 ～ 3 月の下期においてもこの傾〔…〕継続して〔…〕業界の再開の進捗度合いに準じていくと予測。即席みそ汁は好調が〔…〕カップ〔…〕伸長。10 ～ 3 月においてもこのトレンドが継続していくものと予測。 **在宅率が下がりケーキ作りの機会が減少したのか本年は苦戦**
フルーツ缶詰		今在宅〔…〕下期に〔…〕に加え、〔…〕物の新〔…〕想される。〔…〕みかんは増産傾向だが、黄桃や白桃は不作の〔…〕傾向。今後は家庭内でフルーツ缶詰を食べる機会が減る一方〔…〕ツ缶含む）フルーツの購入頻度が増加すると思われる。カテ〔…〕の影響、また内食需要が減少することで、前半に引き続きさ〔…〕 感があり市場は 10％程度の減退となった。急激な需要増の反動か〔…〕られ、9 ～ 2 月に〔…〕考えられること〔…〕欲の低下が予〔…〕産の売値は上昇〔…〕（カットフルー〔…〕イナス要素など **メニューサイトでおでんの作り方の検索が増加**
練り製品		今良質な魚肉たんぱく質が比較的安価で摂取できることから〔…〕品の品揃えが増加し伸長、消費も順調に伸びている。各メーカーとも SNS や〔…〕サイト等を活用した食べ方提案、メニュー提案も徐々に活用され練り製品は比〔…〕的堅調に推移。CVS での FF おでんの取扱減少の影響もあり、メニュー検索サイトではおでんの作り方の検索〔…〕増加している。温めるだけで食べられるレトルトおでんも堅調に推移すると見込まれ、9 月以降は全体で微増で推移すると予測。
クリーム		家庭用ク〔…〕関しては〔…〕ブラック〔…〕ている。〔…〕ク製品も〔…〕 **前年の特需の反動をカバーしきれず微減と予測** 小傾向が続いている。インスタントクリーミングパウダー（ICP）に〔…〕況となっている。コーヒーの飲用機会・飲用杯数が伸びているものの、〔…〕向が強いことが、クリーム市場の活性化に結び付かない要因にな〔…〕った行楽向け市場が活性化しているため、コーヒー向けのスティ〔…〕後も縮小傾向が続くと予測。スキムミルクは、緩やかな減少傾向。
スープ		前期は〔…〕プとおか〔…〕割を担っ〔…〕増によっ〔…〕喫食機会が増加している。おかず系スープも、新規ユーザーの増加により市場は拡大している。年代別では 20 代以上の全世代で購入率が伸長し、20 ～ 4〔…〕〔…〕ニアに加えて若年～中年層までユーザーが広がっている。 〔…〕に伸長した。特に、売上ボリュームの大きい洋風インスタントスー〔…〕りしたことでカテゴリー全体をけん引した。「自分向け」としての役〔…〕〔…〕は新規トライアル層の取込み、及びヘビーユーザー層の買い回り
チョコレート		前年比102%で着地。だが、2 ～ 3 月の前年同期比では無垢チョコ（88%）と他のサブカテゴリーは前年割れ〔…〕家族用やおつまみ用といったイエナカ需要により好調〔…〕徳用チョコ（98%）〔…〕コ・チョコスナック〔…〕た感があり不調。 **健康志向上昇や家庭内飲酒の増加で顕著な伸び** 〔…〕思われ広がりきっ〔…〕
炭酸飲料		上期は前年比102%にて推移した。有糖炭酸において、「〔…〕プシ」が伸長し透明炭酸飲料は「三ツ矢」を中心に伸び〔…〕で伸びが顕著で、最大手「ウィルキンソン」の好調に加え〔…〕〔…〕炭酸も健康志向の上昇や家庭内飲酒増加の影響〔…〕他社による新商品も数多く投入され大きく伸長し〔…〕した。下期は猛暑であれば、無糖炭酸を中心に大幅増が見込まれるため、カテゴリー全体では伸長すると予測。

？

購入点数を
増やすには？

生鮮レポート

色鮮やかで季節感のある青果は、店に入って最初のコーナーにある。そこで、青果を起点としたマーケティング手法を考えてみよう。

ある野菜について調べることで一緒に売れる関連性の強い商品が見えてくる。該当野菜が売れるタイミングで、関連性の強い商品もしっかりと提案していくことが重要だ。

キャベツについて調査しよう

どんなメニューと
一緒に食べられているか？

どんなメニューが
作られているか？

どんな商品と
一緒に購入されているか？

キャベツの価格と家計消費の関係

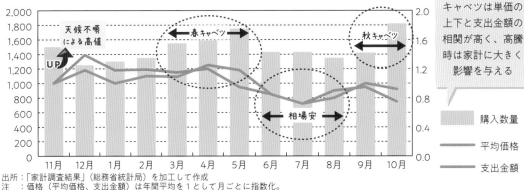

キャベツは単価の上下と支出金額の相関が高く、高騰時は家計に大きく影響を与える

□ 購入数量
— 平均価格
— 支出金額

出所：「家計調査結果」（総務省統計局）を加工して作成
注：価格（平均価格、支出金額）は年間平均を1として月ごとに指数化。

よく作られるキャベツメニュー

順位	メニューカテゴリー	メニュー詳細分類	TI値
1	副菜	野菜サラダ	19.68
2	汁物	みそ汁	10.06
3	主食	ソース焼きそば	8.78
4	主菜	野菜炒め	8.16
8	主食	お好み焼き	3.11
9	主菜	焼き餃子	2.38

年間を通じていろいろなメニューに使われている

出所：㈱ライフスケープマーケティングの食MAP®データです
期間：2016～2018年（朝昼夕計） TI値：1,000食あたりの出現回数

キャベツと一緒に食べられるメニュー

順位	メニュー小分類	同時出現TI値	特化度
1	豚肉しょうが焼き	90	9.9
2	トンカツ	79	13.7
3	冷奴	69	2.2
4	鶏肉の唐揚げ	66	3.1
11	カキフライ	26	11.6
12	ポテトコロッケ	25	7.0

肉料理や揚げ物メニューの付け合わせとして欠かせない

出所：㈱ライフスケープマーケティングの食MAP®データです
期間：2017年12月～2018年11月（朝昼夕計、春夏期3～8月）

キャベツと同時に購入された食材について、季節ごと、カテゴリーごとに分析し、気づきを得よう。

キャベツと一緒によく購入される食材

順位	細分類名称	商品コード	商品名称	リフト値	金額 PI
1	つゆ	○○○○	○○○○○○○○○	7.20	639
2	つゆ	○○○○	○○○○○○○	7.04	271
3	つゆ	○○○○	○○○○○○○	6.52	267
4	ソース	○○○○	○○○○○○○○	6.49	765
5	その他のたれ	○○○○	○○○○○○○○	6.42	105
6	その他調味料	○○○○	○○○○○○○	5.84	314
7	ソース	○○○○	○○○○○○○	5.63	413
8	ソース	○○○○	○○○○○○○	5.40	135
9	中華料理の素	○○○○	○○○○○○○		138
10	つゆ		○○○○○○○		298
11	その他調理品		○○○○○○○		1,347
12	パン粉		○○○○○○○	4.85	235
13	プレミックス		○○○○○○○	4.77	162
100	生麺・ゆで麺		○○○○○○○	2.54	132

焼きそばなど専用ソースが購入されている

調理品の中でもとくに回鍋肉の素はリフト値・金額 PI ともに大きい

お好み焼き、もんじゃ焼きなど手軽に作れるセット商品が人気

パン粉の同時購入率が高い

麺では焼きそばのチルド麺が圧倒的に多い

出所：国分グループ本社調べ

まとめ

売り場でどのような提案をすればいいのだろう

「春キャベツ入荷しました」コト POP

焼きそばやお好み焼き粉・もんじゃ焼き粉の隣に青のりや紅しょうがを陳列して同時購入を促しつつ、POP を掲示

キャベツを使ったおすすめメニューの POP を作成

トンカツ売り場や小麦粉・パン粉売り場に POP を掲示、付け合わせを提案

年間を通してリフト値と金額 PI 値が高い回鍋肉の素はキャベツとのベストパートナー。キャベツ売り場へのクロス展開の筆頭候補

お客さまに
自社アプリを
活用して
もらうには？

提供ツール③ 　小売向け 　外食向け

運を取り込む幸せ
メニュー占い

国分では、「占い」と「メニュー提案」を組み合わせ、暮らしを楽しくサポートする Web コンテンツを提供している。小売業や飲食店が店舗アプリや SNS アカウントなどのオウンドメディアでご利用いただけるサービス。

ストアアプリ担当のお悩み

・手間と時間とコストがかかってなかなか更新できない
・コンテンツを充実させたい
・お客さまに店のアプリをもっと使って楽しんでほしい

国分グループ本社

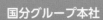

人気占い師による占い結果から、12 星座ごとのおすすめメニューを表示。大手食品メーカーのレシピサイトにリンク

生活者

・占い大好き
・日々の献立を考えるのが面倒
・レシピも参考にしたい（メーカーが提供しているものなら安心）
・スマホで手軽にチェックしたい

レシピを提供している
メーカーは、PVがアップ！

小売店

・コストをかけず情報が更新される！
・メニュー提案で購買も期待できる

http://shiawase-menuuranai.com/

小売・外食のここ
が知りたい

?

出店予定地の
人の流れを
知りたい

提供ツール④ | 小売向け | 外食向け

来訪者分析レポート

スマートフォンの GPS 位置情報を元にした人流データを活用して、自店と競合店への顧客の来店傾向を可視化・分析。いつ、どこに、どんな人が、どこから来ているか把握することで、下記のようなさまざまな分析が可能となる。

町丁目別

出店を検討している
場所の競合となる
店の人流を調べたい！

曜日別

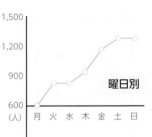

性別
年代別

時間帯別

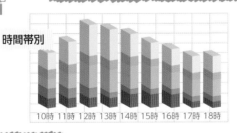

10時 11時 12時 13時 14時 15時 16時 17時 18時

近隣の競合店の
特徴が知りたい！

拠点別
併用率

A店とB店 6% / A店とC店8% / すべて併用1%
単店のみ85%
A店

すべて併用3% / A店とC店 / B店とC店 21% / A店とB店 23% / 単店のみ53%
B店

A店とC店 8% / すべて併用2% / A店とB店 12% / 単店のみ78%
C店

日別拠点別来訪者

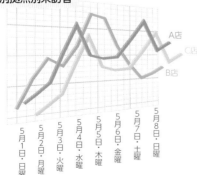

A店
C店
B店

5月1日・日曜
5月2日・月曜
5月3日・火曜
5月4日・水曜
5月5日・木曜
5月6日・金曜
5月7日・土曜
5月8日・日曜

居住地分析

31

メーカーのここ
が知りたい

？

生活者は何に
興味を
持っているの？

提供ツール⑤　メーカー向け

マーケティングサイト
"ぐるっぱ"

　国分グループ本社が運営するマーケティング
サイト。アンケート機能やモニター機能を有し、
商品開発や市場分析に活用できる。会員数 20.2
万人（22 年 12 月現在）。

https://www.guruppa.jp/

国分グループ本社

・食に関心のある生活者にお楽しみ
な情報（記事）を提供
・生の声（アンケート）をメーカー
に届ける

生活者

・アンケートやモニターに応募してポイン
トをゲット！
・商品のモニターとして商品開発に参加
・食の情報やお得なキャンペーン情報を
通じて食シーンを豊かに……

メーカー＋大学＋食に関わる事業者

・商品のモニター評価を生活者から得る
・年代別・性別の嗜好や生活者の現在の興
味を商品開発や販促につなげる

2022 年 4 月にリニューアルオープン

・豊富なデータ：アンケート機能を強化して、社内だけでなく社外にも利用い
ただけるようになった
・食に関心の高い層の会員：食に関する読み物コンテンツを充実し、若者層の
新規会員も増やしている

メーカーのここ
が知りたい → 生活者の考えて
いることが
知りたい

提供ツール⑥ メーカー向け

食の法則コンテスト

 食の法則コンテスト

食の法則コンテストは、食に関する「あるあるネタ」を集めることで、生活者の行動や意識、深層心理を分析することが可能。ここから、さまざまな売り場提案のアイデアが生まれている。

から揚げの法則

 いくら食べても太らない唐揚げを開発してもらいたい

家で揚げずにスーパーやテイクアウトの唐揚げを買うようになった

幸せを感じる食の法則

 食べ過ぎても体重は変わってなかった時

子供たちが作った不格好なおかず

カレーの法則

 お昼にカレーを食べたら、なぜか夕飯とかぶる

おでんの法則

 ドラマに出てくるようなおでんの屋台で一度でいいから食べてみたい

 Focus **お気に入りのおつまみの法則**

応募総数 668 名／作品 1383 件／応募期間 2021 年 8 月 5 〜 11 日

入選作品

①妻が作ってくれたものであれば美味しいといって酒のつまみにする
②高いおつまみほど減りが早い
③新商品を見つけたら買ってしまうが結局はいつものが一番おいしい
④気に入ったら同じ商品を買い続ける
⑤揚げ物に勝てるおつまみはあるのか！？
⑥家庭菜園で作ったキュウリやナスの漬物。夫婦酒が止まらない
⑦エダマメの定番感は異常
⑧休肝日におかずとしてお気に入りのおつまみが出ると悲しい
⑨チーたらのチーズとたらの部分を剥がして食べることが好きです
⑩年齢と共にどんどん健康志向になる

【入選作品から考えた提案例】

11 月第 3 木曜日はボジョレーヌーヴォー解禁日という特別感に合わせ、いつもよりもこだわったおつまみの提案もおすすめ。高単価の商品に加え、⑩のような声もあったことから、健康に気を付けながら “おいしく罪悪感なく食べられる” ようなおつまみも需要がありそう。また③④といったコメントがあるように、定番のおつまみも販売のチャンス。おつまみにも人気ランキングやおすすめポイントを書いた POP をつけて展開しても良い。

非接触で
試食なしで店頭
販促してもらう
方法はないの？

リモートマネキン
機材レンタルサービス

ネットでは、ライブ配信で商品を紹介する配信者と視聴者で双方向に連絡を取り合い商品を確認して販売するライブコマースが人気だ。この仕組みをリアル店舗で実現したのが、リモートマネキン機材レンタルサービス。

リモートワーク　3密回避

コロナ禍で
生活が一変！

新しい
生活様式　おうち時間

メーカー
試食販売ができず、新商品がアピールできない

小売
試食販売ができず、クッキングサポートコーナーが空き地に……

リモートマネキン
スタジオからネットワークを介して、店頭に設置されたディスプレイ越しに接客する手法

スタジオ　　ネットワーク　　店頭

非接触で接客

アナログとマーケティングの組み合わせにより生活者・顧客のニーズをすばやくつかみ、さまざまなツールを提供しながら新しい食の価値を創り出す。

第1章
卸視点の
マーケティング

Ⅳ 卸の課題と使命

　お取引先と共に商品を販売していく（販促企画、新商品の導入）など提案力が必要だと感じている。

　アナログとデジタルを融合した販促提案も大事だが、最近は提案の本質が変わってきている。食品業界では、いわゆる安全・安心マーケティングを基本として進めており、不安をあおるようなマーケティングとは一線を画してきた。しかし、コロナ禍で不安の象徴となった「健康」にお金を惜しまない人が増えてきている。安全・安心に加えて健康によりお金をかける時代になってきたと強く感じている。

新しいカテゴリーを育てる

　社会環境やライフスタイルの変化にともない、食の嗜好はさらに多様化し生活者が求める商品が、より見えにくくなっている。国分グループ本社では卸機能のみならず、自ら国分ブランド商品の開発も行っており、最近ではプラントベースフード、チョコレート、ギリシャヨーグルト、チルド、骨まで食べられる魚などの商品を世に出している。

　私たちが商品を開発する目的の一つは、新しいカテゴリーを創造することにある。このような商品を世に出すことで新たな市場を作り、メーカーと共にそのカテゴリーを大きくし、さらなる市場活性化を目指している。

トニーズ チョコロンリー
（ミルクチョコレート、ダークチョコレート）

ギリシャヨーグルト

"CAN"P の達人シリーズ・
プラントベースフード

お肉屋さんの
贅沢肉まん

ふっくら骨まで
美味しいさば

地域密着商品の発掘

　私たちは、生活者の新たなニーズに対応し、「問屋の目利き」によって全国、世界から商品を厳選・調達し、「売れる商品」「売れる仕掛け」を提案している。

　地域の良い商品を買い、大都市をはじめとする全国での販売を強化すればその地域が活性化する。すなわち、地域密着商品を発掘し販売することは、地方活性化にもつながることになる。しかし、売り切らなければロスが発生するため、売り切るには知恵が必要である。クラウドファンディングのように予約あるいは条件次第で製造するといった形は、今後ますます進んでいくと思われる。

こぼれ話

実はふるさとの名物は地元の人はよく知っていても全国の認知度が低いものが多い。あらためて原点に帰って地方産品を売るチャンスだと考えている。

知ってるようで実は知らない！
ふるさとの名物の例

日高昆布(北海道)
しょっつる(秋田県)
いちご煮(青森県)
仙台牛(宮城県)
だだちゃ豆(山形県)
笹だんご(新潟県)
なみえ焼そば(福島県)
へしこ(福井県)
和三盆(香川県)
熊野の化粧筆(広島県)
水沢うどん(群馬県)
房州びわ(千葉県)
三ヶ日みかん(静岡県)
えびせんべい(愛知県)
阿波尾鶏(徳島県)
カボス(大分県)
からしれんこん(熊本県)
海ぶどう(沖縄県)

出所：㈱インテージリサーチ
「2017年ふるさと名物に関する知名度調査」

生活者の「今」を聞いて未来を読み解く

　企業戦略立案の上でもっとも重要なのは、未来。「将来をイメージしながら、これからの方向性を決めていくこと。予測される困難に、先んじて対策を講じていくこと。」が求められる。私たちは「食の未来を読み解くマーケティング活動」として、2つの取り組みをしている。

　1つ目は、主に食品マーケット全体を俯瞰する1～2年先の「トレンド」と「兆し」を見据えた視点で将来を考えていく「TKBridge」プロジェクト。もう一つは加工食品、日配品、お酒、お菓子など、それぞれのカテゴリーについて10～15年先の視点で、未来を予測する「未来予測」プロジェクト。

　どちらの取り組みもさまざまなデータ分析に加え、アンケート調査や生活者参加型のコンテストなどから生活者の本音（インサイト）を可視化させ、マーケットを読み解いていくものである。いちばん大切なのは「売り場・現場への落とし込み」。これらを情報提供だけではなく、具体的な提案につなげていくことこそ、「食のマーケティングカンパニー」の最大の役割と考えている。

TKBridge	未来予測
1～2年先の 「トレンド」と「兆し」 を見据えて将来を考える	10～15年先の視点で 未来を予測する

用語集

● 52 週販促
365 日は週単位で数えると年間で 52 週間になる。週ごとの生活者活動に合わせた販促をすることが合理的であるとの考えで生まれた販促手法。

● 104 週販促
1 年 52 週間の中には平日と休日があり、生活者の行動もそれぞれで異なるという仮説から、国分グループ本社では 52 週をさらに 2 分割して販促企画を考える 104 週販促企画を提案している。

● 月次企画
その月の代表的な企画を考える。いわゆる " ハレの日 " 企画。

● 隙間企画
その月を通しての平日の企画。いわゆる " ケ " の日企画。

● カテゴリー動向レポート
国分グループ本社㈱で年 2 回発信しているカテゴリーの動向レポート。12 月に翌年のカテゴリーレポートを、7 月に下期のレポートを約 150 分類について予測している。

● 生鮮レポート
P28 ～ 29 参照。生鮮食品を起点とした販促企画。SM（スーパーマーケット）業態の売り場は、生鮮品（青果、鮮魚、精肉）から生活者の目に留まるように構成されている。それならば、販促もそこからスタートしてもよいとの発想でレポートを作成している。

● ネタのタネ
毎月発行している直近の流行り、トレンドを満載した企画書。

● 問屋のネタ帳
国分グループ営業マンが商談時に使う毎月発行・門外不出の「商談のネタ帳」である。

● TKBridge
凸版印刷㈱と国分グループ本社㈱で毎年発行している 1 ～ 2 年先のトレンドと兆しを読み解いている冊子。お取引先様への公開のみとなっている。

● 未来予想
各カテゴリーの 10 ～ 15 年先を読み解いたレポート。不定期発刊でお取引先様への公開のみとなっている。

● SMTS
スーパーマーケットトレードショーのこと。全国スーパーマーケット協会主催の SM 業態向け展示会。国分グループ本社㈱も毎年出展している。

● デジタル販促
P30 ～ 34 参照。デジタルツールを使うことでリアルやネット上の売上げアップに貢献する仕組み。

第2章

12カ月の生活カレンダー

普段利用しているスーパーで、ついいろいろ買いたくなるのはなぜでしょう?売り場には、記念日や学校行事、歳時等に合わせて購買意欲をくすぐる 52 週分の仕掛けがあるのです。

■■■■『今』こそ「12カ月のマーケティング提案」が武器になる！■■■■

㈱Mission01

代表取締役　髙田英男

　この2〜3年で小売業を取り巻く環境は大きく変化しました。もともと慢性的な人手不足に加えて、コロナ禍での緊急事態宣言により、生活者がストック品を買い漁り、企業は密を避けるためにチラシを休止し、従業員の労働時間確保に追われ、さらに、時間帯別に買い物時間を制限する企業まで現れました。その影響で2020年の食品売上高はおおむね好調に推移したものの、21年から現在までは、その反動と原材料価格の高騰、ロシアによるウクライナ侵攻の影響などによる原油高、急速な円安、ドライバー不足による物流コストの上昇などを原因とする商品価格の値上げラッシュの影響を受け、売上げに苦戦する企業が目立ちます。一方、生活者は、外出禁止によるステイホームでテイクアウト商品や宅配商品の購入を増やしました。また、リモートワークの定着により、朝食や昼食、おやつを自宅で食べる習慣も身につきました。さらに、今までスーパーマーケットで買っていた商品も、食品をドラッグストアで買ったり、洗剤をホームセンターで買い、かさ張るものはネットで買うなど購買行動の変化も現れました。このことは異業種間競争を激化させる要因となっています。そして値上げラッシュが続く現状と先の見えない不安から節約志向が高まり、価格への依存度が高まっているという現状があります。

　価格訴求による集客やアピールも必要ではありますが、こんな時代だからこそ最も重要なものは、生活者視点に立った販売促進提案だと思うのです。コロナ禍や値上げの荒波を超えた先に、本当に生活者が望む商品を、タイムリーに、鮮度感を持って提供することで、生活者が本当に楽しさと豊かさを感じることのできる食シーンの具体的な提案をすることが、われわれ食品に携わる人間の使命だと思うのです。それを実行することが、顧客の満足と信頼を得るだけでなく、小売業やメーカー、卸の差別化につながると思うのです。

　そんな時に役立つのがこの「12カ月のマーケティング提案」です。特徴はまず、月ごとに記念日カレンダーがあります。何月何日は○○の日という食に関わる記念日だけでなく、二十四節気や学校行事、催事イベント、行動習慣まで記載されてい

ます。販促提案を行う際、月ごとの全体像を把握することは重要な事柄です。ハレの日の確認はもとよりケの日（特別な行事のない普段どおりの生活を行う日）の販促提案のヒントが見つかります。最近では、二十四節気を活用した販促提案を行う企業も増えてきました。同時に生活者の行動パターンもイメージしやすく書かれています（新生活準備・引っ越し、買い物、合格発表・卒業式、等）。次に、当月のポイントとなる催事、祭事、歳時が示され、同時に当月よく食べられるものやよく売れるものが紹介されています。

　確実に押さえておきたいメニューや商品群が確認できます。さらに、次ページには週ごとのポイントが記載され、年間の消費支出金額順位や前年の小売業がどのようなチラシテーマで取り組んでいたのかが明記されているため、他の小売業の傾向も知ることができます。そして、次ページ以降具体的当月の販促企画提案が行なわれます。ここからの具体的企画提案の最大のポイントは、鮮度感です。毎年ひな祭りは行なわれますし、毎年春の行楽シーズンはやってきます。そこに当年ならではの鮮度感のある販促提案がなされているのが、国分のマーケティング提案書の特徴です。なぜこの企画提案を行うのか？　なぜ今なのか？　を定量的なデータをもとに紹介します。提案のキモとなる事柄には「美容・健康」や「SNS映え」「持続可能」など、今話題となっているワードをアイコンで表示しています。すぐ使えるPOP例も載せています。間違いなく現場（売り場）で使える販促企画提案書になっていると思います。

　このマーケティング提案書を使って価格に頼らない新しい販促提案をしてみませんか。間違いなくお客様にとって楽しく、ワクワクする売場になるだけでなく、小売業やメーカーにとっては他社と差別化でき、売上げの取れる販促提案となるでしょう!!

プロフィール：髙田英男（たかだ　ひでお）／滋賀県出身。1956年生まれ。1979年立命館大学経済学部卒業、同年イズミヤ㈱入社。店舗担当者を経てバイヤーに。1995年最年少部長として日配部長就任、ロジスティック統括部長、執行役員食品統括部長、商品統括部長、ｅコマース統括部長などの要職を歴任し、売り場づくり・商品一括仕入れ・流通改善・PB商品開発・経営計画作成・ネットスーパー実務などスーパーのあらゆる理論を熟知。ユニークな仕掛けで売上げに貢献し、「カリスマバイヤー」「カリスマ部長」として知られる。2012年イズミヤ退社後、営業活動・商品販売促進に対する指導や製造業の商品開発に関する指導、教育や研修会の講師をおこなう㈱Mission01（ミッションワン）を設立。著書に「思い込みを捨てれば10倍売れる」（日本実業出版社）がある。

1 月

January

今月の販促展開

- ●受験生と家族を全力応援！
  - ～食で心と体をサポート～
- ●「大寒」は食でパワーチャージ
  - ～春を迎える準備をしよう！～

2023 年 記念日カレンダー

月	火	水	木	金	土	日
						1 元旦
2 振替休日	**3** 三日とろろ	**4**	**5** いちご世代の日	**6** ★小寒	**7** 七草	**8**
9 ★成人の日	**10** 明太子の日	**11** 鏡開き	**12**	**13**	**14**	**15** 小正月 いちごの日
16	**17** おむすびの日	**18**	**19** ★冬土用丑の日 （一の丑）	**20** ★大寒 甘酒の日 二十日正月	**21**	**22** カレーの日 旧正月（春節）
23 アーモンドの日	**24**	**25** 中華まんの日 ホットケーキの日 主婦休みの日	**26** コラーゲンの日	**27**	**28**	**29**
30	**31** ★冬土用丑の日 （二の丑） 愛妻の日 愛菜の日					

～1/9　冬休み

1/6～1/10　新学期

★大学入学共通テスト

1/14～　入試シーズン

1/17～　冬土用

1/21～　バレンタイン準備

★がついている記念日は年によって月日が変動
小寒：二十四節気の一つ。毎年 1 月 5 日ごろ
成人の日：毎年 1 月第 2 月曜日
冬土用：立春の前の約 18 日間
冬土用の丑の日：丑の日は十二支の「丑」にあたる日。
　　　　　　　　土用期間中の丑の日を「冬土用の丑の日」と呼ぶ
大寒：二十四節気の一つ。毎年 1 月 20 日ごろ

月のポイント

1 年末年始後の落ち込む消費を喚起

年末年始の盛り上がりから一転、節約志向による買い控えから、消費支出が大きく落ち込む傾向がある。年明けは、内食需要の拡大により簡便商品の需要が高まる。

2 受験シーズンが到来

1月第2週から第3週にかけて大学入学共通テストが実施されるなど、本格的な受験シーズンが到来する。

年間平均に比べ1月によく食べられているメニュー※（特化度1.1以上）

主食	雑煮,温かい汁うどん,磯辺焼き,おかゆ,肉まん,雑炊・おじや,味噌ラーメン,安倍川餅,温かい汁そば,焼き餅,塩ラーメン,その他の餅
汁物	コーンポタージュスープ,豚汁,その他の中華風スープ,コーン以外のポタージュスープ,トマト味のスープ
主菜	おでん,野菜の炊き合わせ,寄せ鍋（味付けつゆの鍋）,ハムそのまま,伊達巻き,野菜の酢の物,野菜のごま和え・ごま味噌和え,厚焼き卵,きんとん,きんぴらごぼう,大根の煮物・含め煮,数の子,なます,和風鍋,チキンのクリームシチュー,里芋の煮物,すき焼き,明太子,ごぼう以外のきんぴら料理,その他の野菜の和風煮物,湯豆腐,その他の鍋,筑前煮
副菜	煮豆,かまぼこそのまま,たくわん漬け,白菜漬け,昆布・海草の佃煮,その他の和風漬物,大根サラダ,甘酢漬け
菓子・デザート	－
飲料	緑茶・煎茶・番茶,コーヒー,紅茶,ほうじ茶,その他の日本茶,ココア,ジャスミン茶

出所：㈱ライフスケープマーケティングの食MAP®データです。
※ 2017年～ 2021年1月 TI値合算の上位メニューを TI値順に記載（食卓機会：朝・昼・夕、TI値：5.0以上、特化度：1.1以上）
TI値：1,000食卓あたりの出現回数。　特化度：2017年1月～ 2021年12月の TI値合算に対する特化度。

1月によく売れるもの

分類	総合	PI値	加工食品	PI値	チルド	PI値	冷凍食品	PI値
カテゴリー	ドリンクヨーグルト	9,963	ラーメン袋	7,203	うどん（チルド麺）	5,274	冷凍和風麺	3,703
	粒納豆	9,715	即席味噌汁	4,484	チルド中華饅頭	3,459	冷凍弁当用畜産フライ	1,388
	揚げ	8,143	カレールウ	3,946	チルド中華風・アジア風料理の素	1,421	冷凍弁当用水産フライ	1,030
	ラーメン袋	7,203	カップスープ	3,638	チルド春巻・ワンタン	415	冷凍弁当用コロッケ	952
	キムチ	6,799	無菌パック米飯	3,244	チルド中華・アジア風米飯類	122	冷凍水産加工品	702

分類	日配品	PI値	菓子	PI値	飲料	PI値	酒類	PI値
カテゴリー	粒納豆	9,715	ドリンクヨーグルト	9,963	ミックスタイプインスタントコーヒー	3,328	連単混和焼酎	1,609
	揚げ	8,143	豆菓子アソート／詰合せ	3,789	ティーバック日本茶	1,755	輸入連続式焼酎	629
	キムチ	6,799	のど飴／機能飴袋	1,842	ココア	1,257	低アルコール・カクテル	219
	スライスチーズ	3,299	ピーナッツ／落花生	1,518	ティーバッグ紅茶	1,070	そば焼酎	196
	シュレッドチーズ	3,138	加工豆（豆菓子）	1,404	その他嗜好飲料注1	903	米だけの酒	115

出所：㈱ KSP-SP の KSP-POS（食品スーパー）をもとに国分グループ本社で集計
抽出期間：2021年1 ～ 12月、各月で年間1位のカテゴリー（細分類）上位5カテゴリーを、大分類ごとに提示
PI値：1カ月の店舗来店者1,000人当たりの購入金額
注1：抹茶オレ、粉末くずゆなど

1/1 ～ 1/8

週のポイント！

1/1	元旦
1/3	三日とろろ
1/5	いちご世代の日
1/6	小寒
1/7	七草

Key Word

消化に良いメニュー

三日とろろや七草に絡めて、おかゆや雑炊などの消化に良いメニューを提案。最近増えている味付きや具材入りの商品は、一品で食事になる手軽さもアピール。

朝食

コロナ禍では、準備が簡単なだけでなく、テレワークの拡大により軽食で済ませる傾向も後押しし、パンやシリアルの喫食が増加。今話題のオートミールを使った提案もおすすめ。

冷凍食品

日常生活に戻り、簡便需要が高まると考えられる。特に、おかずでも弁当でも使えて幅広い世代に人気のから揚げやハンバーグは、まとめ買いを促す。

年間52週中の支出金額順位

（）は年間平均を1.00とした場合の指数

内食	中食	外食	食費計
52 位	14 位	1 位	16 位
(0.90)	(1.02)	(1.60)	(1.00)

平日	休日	平日	休日	平日	休日	平日	休日
52 位	2 位	8 位	1 位	1 位	6 位	21 位	1 位

チラシテーマ

（）は企業数：社

- 年末年始（16）
- 成人の日（13）
- 1/7 春の七草（12）
- 鍋（8）
- 1/5 いちご世代の日（6）
- 1/11 鏡開き（5）

週次金額PI値上位データ

特化度 1.5 以上

細分類	PI値	特化度
鍋物つゆ	4,623	2.11
糸蒟蒻	1,972	1.52
チルド中華饅頭	1,841	1.89
包装もち	1,812	2.33
農産系珍味	1,657	2.63
おでんセット	1,287	1.95

1/9 ～ 1/15

週のポイント！

1/9	成人の日
1/10	明太子の日
1/11	鏡開き
1/15	小正月、いちごの日

Key Word

入試シーズン

受験生応援メニューなどで売り場を盛り上げつつ、体調管理に関する商品の提案も忘れずに。風邪予防として乳酸菌飲料や体を温める雑炊などの商品の提案がおすすめ。

成人の日

出世魚のぶりを使ったメニューや、ステーキなどのごちそうで食卓を華やかに彩るメニューを提案。また、友人や親とのお祝いシーンを想定し、お酒の提案も強化。

いちごの日

いちごの品種ごとの食べ比べをはじめとする打ち出しの他、いちごを使用したお菓子から飲料まで幅広く提案ができる。POPを用いて売り場全体を活性化。

年間52週中の支出金額順位

（）は年間平均を1.00とした場合の指数

内食	中食	外食	食費計
51 位	52 位	29 位	51 位
(0.92)	(0.91)	(0.94)	(0.92)

平日	休日	平日	休日	平日	休日	平日	休日
51 位	40 位	52 位	46 位	35 位	28 位	52 位	38 位

チラシテーマ

（）は企業数：社

- 1/15 いちごの日（12）
- 成人の日（12）
- 受験応援（11）
- 鍋（11）
- 1/11 鏡開き（7）
- 冬の旬（6）

週次金額PI値上位データ

特化度 1.5 以上
成人の日、大学入学共通テスト

細分類	PI値	特化度
鍋物つゆ	4,623	2.09
カップスープ	2,421	1.50
糸蒟蒻	1,972	1.51
チルド中華饅頭	1,841	1.97
包装もち	1,812	1.73
農産系珍味	1,657	2.32

1/16 〜 1/22

週のポイント！

- 1/17　おむすびの日
- 1/20　大寒、甘酒の日、二十日正月
- 1/22　カレーの日、旧正月（春節）

Key Word

大　寒

この時期に旬を迎える寒ぶりはチラシ上でも大きく打ち出す企業が多いため、ぶりしゃぶ、照り焼き、カルパッチョなど和洋幅広く紹介して、調味料と共にクロス展開。

甘酒の日

感染症が流行する時期の打ち出しにチャンス。甘酒のホットミルク割りなど、寒い時期にぴったりの甘酒を使ったホットドリンクを提案して、免疫力アップを伝える。

春　節

好きな中華料理第1位の餃子は特に打ち出しを強化。餃子は家族と一緒に作りたい料理第1位でもあるため、ホットプレートを使った手作り餃子提案も合わせて行う。

年間52週中の支出金額順位
（　）は年間平均を1.00とした場合の指数

内食	中食	外食	食費計
46 位	41 位	38 位	49 位
(0.95)	(0.94)	(0.82)	(0.94)

平日	休日	平日	休日	平日	休日	平日	休日
46 位	34 位	29 位	47 位	32 位	42 位	47 位	48 位

チラシテーマ

（　）は企業数：社

- 大寒（10）
- 鍋（9）
- メニュー提案（8）
- 冬の旬（7）
- 1/15 いちごの日（6）
- あったか（5）

週次金額 PI 値上位データ

特化度 1.5 以上

細分類	PI 値	特化度
鍋物つゆ	4,623	1.96
チルド中華饅頭	1,841	2.06
農産系珍味	1,657	2.07
シチュールー	1,496	1.65
おでんセット	1,287	2.08
その他おでん関連品	1,149	2.36

1/23 〜 1/31

週のポイント！

- 1/23　アーモンドの日
- 1/25　中華まんの日、ホットケーキの日、主婦休みの日
- 1/26　コラーゲンの日

Key Word

節分関連商材

翌週の節分に向けて、恵方巻の手作り材料である寿司の素［2.0倍］、焼きのり［1.3倍］などが売れている。節分関連の商材は早いタイミングで仕掛けを行う。恵方巻のお試し提案など、惣菜の提案も早めに。

アーモンドの日

健康志向が高まる中で、アーモンドの美容や健康への効果が注目されている。売り場では「あなたの毎日に、アーモンドを取り入れてみませんか」のようなPOPと共に、アーモンドやアーモンドミルクを使った商品の打ち出しを強化し、トライアル層を取り込む。

年間52週中の支出金額順位
（　）は年間平均を1.00とした場合の指数

内食	中食	外食	食費計
32 位	46 位	46 位	47 位
(0.98)	(0.93)	(0.76)	(0.95)

平日	休日	平日	休日	平日	休日	平日	休日
28 位	21 位	33 位	48 位	38 位	50 位	37 位	47 位

チラシテーマ

（　）は企業数：社

- 節分（14）
- 鍋（8）
- メニュー提案（7）
- 丑の日（6）
- 駅弁・空弁・各地銘菓（6）
- 1/31 愛菜の日（5）

週次金額 PI 値上位データ

特化度 1.5 以上

細分類	PI 値	特化度
鍋物つゆ	4,623	1.75
板チョコ・粒チョコ	3,539	1.59
チルド中華饅頭	1,841	1.99
農産系珍味	1,657	1.98
シチュールー	1,496	1.54
おでんセット	1,287	1.78

1月の企画

受験生と家族を全力応援！
～食で心と体をサポート～

本格的な受験シーズンを迎える1月は体と心の両面から食でサポート。体のサポートでは、栄養満点メニューやホットメニューで、体をいたわる応援メニューを幅広く提案。心のサポートでは、心を鼓舞する応援メニューとしてゲン担ぎメニューや気分転換となる菓子を打ち出す。

中学受験者数（首都圏） 推移

(人)

| | 2015年 | 2016年 | 2017年 | 2018年 | 2019年 | 2020年 | 2021年 | 2022年 |

出所：首都圏模試センターHPを基に国分グループ本社が作成

中学受験者に注目！

2007年のピーク時から徐々に減少してきた中学受験者数は15年～22年にかけて8年連続で増加。22年は史上最多数となった（全国では10万人程度）。
高校、大学の受験者数は減少しているとはいえ、合計すると100万人以上であり（国分による推計）、その家族を含めると数百万人が受験生と向き合っていることになる一大行事である。

提案① 体をいたわる応援メニュー

受験生にとって風邪は大敵！栄養だけでなく食べやすさも考慮したメニューを提案し、風邪予防としてぴったりな食事を訴求。

風邪予防の愛情レシピ

- 冷凍かぼちゃのたまご雑炊
- あさりたっぷりトマトスープ
- 白菜のキムチチーズスープ

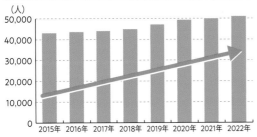

疲労回復

こどもの体調管理では、風邪を引かないように気を付けていた（42歳・女性）

コロナウイルスに感染しないよう、対策をしっかりした（48歳・女性）

免疫UP

出所：食の総合情報サイト　ぐるっぱ

受験生を支える栄養満点メニュー

不足すると集中力低下
- ビタミンB₁
〔提案〕トントン拍子に進む！豚汁

脳のエネルギー源
- ブドウ糖
〔提案〕食欲がなくても食べやすい煮込みうどん

良質な睡眠を促す
- トリプトファン
〔提案〕牛乳、チーズ

体を温める！ホットメニュー＆ホット飲料

勉強のお供におすすめ

おすすめホットドリンク
- しょうが＋ハチミツ
- ココア＋マシュマロ

具材入りで満足感
- 体ぽかぽかお粥

国分西日本 具粥さん
（国分グループ本社）

いざ本番！朝食おすすめメニュー

時短で手早く栄養補給！
- オートミール
- ヨーグルト＋フルーツ
- 豆乳＋おからパウダー

和食がおすすめ
- 白米（ブドウ糖）
- 納豆（ビタミンB₁）
- 焼き魚（DHA）
- 味噌汁（アミノ酸）

提案② 心を鼓舞する応援メニュー

受験生応援の定番ダジャレ菓子のほか、最近では、健康面を意識した商品も登場。受験生の子を持つ親の声と合わせて打ち出す。

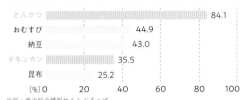

ダジャレ菓子

受かルック（㈱不二家）

開運祈願（ばかうけパッケージ）（㈱栗山米菓）

ダジャレ菓子は応援菓子として人気が高く、さまざまな商品が登場している。

10%（突破）増量（森永製菓㈱）
集中力向上が期待されるブドウ糖を含んだラムネが話題に

勝利の"V"（㈱東ハト）
"V"の形をしたキャラメルコーン

ゲン担ぎメニュー

カツ（受験に"勝つ"）

子どもに用意したいゲン担ぎメニューは？

	(%)
とんかつ	84.1
おむすび	44.9
納豆	43.0
チキンカツ	35.5
昆布	25.2

(%)0　20　40　60　80　100

出所：食の総合情報サイト ぐるっぱ
アンケート名：2022年受験に関するアンケート
調査方法：インターネット調査
調査期間：2021年9月15日～2021年9月21日
対象回答者数：172人（21、22年に受験生に該当する子どもを持つ親）（複数回答可）

身体も温まる！カツ煮

タルタルソースを使ったカツ丼で2重のゲン担ぎ！「受かっタルカツ丼」

気分転換

受験生を応援する勉強のお供としてPOPをつけて訴求。

受験勉強中はどんな息抜きをしていたか

	(%)
仮眠など身体を休める	55.6
飲食	31.3
趣味	19.1
家族や友人とのコミュニケーション	15.9
運動	10.5
インターネットサーフィン	5.3
その他	13.4

(%)0　10　20　30　40　50　60

出所：㈱プラスアルファ・コンサルティング「見える化エンジン」瞬速リサーチ情報の自社集計
調査期間：2022年10月31日～11月6日
対象回答者数：1,034人（複数選択可）

気分転換かつ、ストレスを和らげる
3つの食の切り口を提案

勉強中のごほうびとして
チョコの中にフルーツが入った、贅沢気分を味わえるチョコレート。

リラックス効果
ハーブティーは薬草としての効能も持ち、リフレッシュ効果が期待できる。

脳の活性化につながる
ドライフルーツに含まれる糖質は脳の栄養となり、さらに噛むことで脳を刺激するため、ダブルの効果。

おむすび（縁を"結ぶ"）

子どもに用意した間食・夜食

	(%)
おむすび	90.0
パン・サンドイッチ	71.4
果物	61.4
チョコレート	60.0
うどん	42.9

(%)0　20　40　60　80　100

出所：食の総合情報サイト ぐるっぱ
アンケート名：2022年受験に関するアンケート
調査方法：インターネット調査
調査期間：2021年9月15日～2021年9月21日
対象回答者数：172人（21、22年に受験生に該当する子どもを持つ親）（複数回答可）

簡単に作ることができるおむすびが最も人気

・ビタミンB₁が豊富なコンビーフを使った"コンビーフおにぎり"
・牛乳パックで作る五角（合格）形おにぎり

五角（合格）の見た目がやる気アップにつながる！

K&Kコンビーフ（国分グループ本社）

眠気覚まし

受験勉強中の最大の敵として挙げられるのが眠気。
眠気覚ましとして効果が期待される食品や飲料をPOPとともに提案。

大豆（きな粉）
アミノ酸の一種アルギニンがカフェインの覚醒作用を高めると言われる。

アーモンド
食事と一緒に摂取すると血糖値の上昇が緩やかになり眠気覚ましに。

ココア
カフェインの眠気覚まし効果に期待。コーヒーが飲めない子どもに。

梅干し
クエン酸には疲労回復をサポートする働きがあり、気分もすっきり。

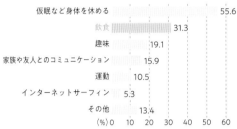
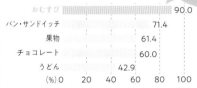

「大寒」は食でパワーチャージ
～春を迎える準備をしよう！～

大寒は二十四節気の1つで、年間で最も寒い時期と言われる。WEB上で「大寒」は年々検索が増えており、食とのつながりにも関心が持たれている。そこで、大寒に絡めた食・酒を提案し、正月明けで消費支出が低調な1月に、売上拡大を図る。

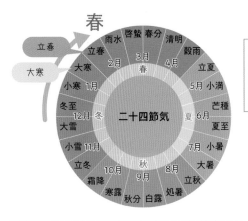

「大寒」の次は「立春」。立春は春の始まりで、かつては1年の始まりとされていた。
「大寒」は、寒さの厳しい時期を乗り越えて、新たな季節である春へ向かう節目の時期と言える。

「大寒×○○」検索ワードランキング

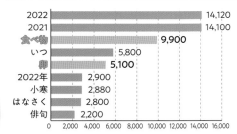

2022	14,120
2021	14,100
食べ物	9,900
いつ	5,800
卵	5,100
2022年	2,900
小寒	2,880
はなさく	2,800
俳句	2,200

出所：㈱ヴァリューズ分析ツール「Dockpit」の分析に基づく
検索期間：2020年3月～22年2月

「大寒」の検索ユーザー数推移

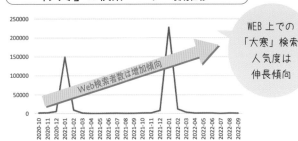

WEB上での「大寒」検索人気度は伸長傾向

出所：㈱ヴァリューズ分析ツール「Dockpit」の分析に基づく

「大寒」との掛け合わせワードランキングでは、日付に次いで「食べ物」「卵」などが検索されており、大寒と食とのつながりに関心が持たれている。

大寒に絡めて訴求できる食品

理由	食材	コメント
大寒の縁起物	寒の水（大寒の時期に汲んだ水）	かつて非常に冷たい「寒の水」は清らかで霊力があると考えられていた。厳しい寒さで雑菌も繁殖しにくいため長期間腐らないとされ、汲み置きをして薬や料理に使う家もあった。
	寒餅（寒の水でついた餅）	一般的な寒餅は、のして棒状にしたお餅をスライスした板餅を干したもの。
	大寒卵（大寒の時期に産まれた卵）	本来鶏は冬には産卵せず、春が近づくとようやく卵を産むことから、大寒卵は貴重で栄養価が高いと言われている。卵の黄色から金運アップにつながる縁起物とも言われる。
寒仕込み	寒仕込み（寒の水を使って仕込んだもの）※注1	雑菌が繁殖しにくく、腐りにくい寒の水を使って仕込まれている。寒い時期のため、腐敗を防ぎ、ゆっくりと発酵・熟成される。
寒に旬を迎える水産品	寒魚（寒ぶり、寒かき、寒サバ、寒たら、寒しじみなど）	寒魚は、春から初夏にかけての産卵にそなえて冬の間体内に栄養を蓄えるため、脂がのって美味しいと言われる。
寒に旬を迎える野菜	寒締め野菜（冬の冷たい空気に当たった、甘みのある野菜）※注2	野菜の多くは水分でできており、気温が0度を下回ると凍って枯れるため、一部の野菜は葉や根に糖分やビタミンを蓄えて凍るのを防いでいる。そのため、甘く栄養価が高いものが多い。

出所：国分グループ本社調べ　※注1　酒、味噌、醤油、寒天、凍り豆腐など　※注2　ほうれん草、大根、白菜、にんじん、小松菜など

提案① 大寒に出世魚
「ぶり」をもっと楽しむ

ぶりは1月に年間を通じて最も食べられている。また、ぶりは出世につながる縁起物とされ、春に向かう大寒に食べる魚としておすすめ。

定番＋アレンジメニュー

大寒に出世魚「ぶり」を使った定番メニューに加え、簡単アレンジでぶりの楽しみ方のバリエーションを広げる。

ぶりの照り焼【焼物】
- 定番：味がしっかり絡むコツ
- アレンジ：バルサミコ酢で

ぶり大根【煮物】
- 定番：短時間で味しみしみ
- アレンジ：トマトソースで洋風

ぶりしゃぶ【鍋】
- 定番：たれがこだわりの調味料
- アレンジ：ぶりのみぞれ鍋

ぶりの唐揚げ【揚物】
- 定番：お子さんも食べやすい！
- アレンジ：ぶりカツ

ぶりのあら汁【汁物】
- 定番：お財布にも優しい
- アレンジ：ぶりの粕汁

美味しくってダイカンゲキ
1月20日は **大寒**
1年で1番寒い
大寒はぶりを食べよう

POP例

提案② 大寒は「甘酒の日」！

大寒と甘酒の日が同日であることに注目し、大寒を「甘酒を売り込む日」として打ち出しを強化。

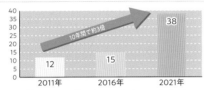

甘酒を使ったメニュー数（M値）推移
10年間で約3倍
12　15　38
2011年　2016年　2021年
出所）㈱ライフスケープマーケティングの食MAP®データです
材料詳細分類：「甘酒・白酒」

甘酒を使ったメニュー数は10年間で約3倍に拡大。生活者が甘酒をさまざまなメニューに使用し、用途が広がっていることがわかる。

国分蔵元造り あまざけ
（国分グループ本社）

甘酒で健康朝食

1日の中で朝食に最も甘酒が飲まれていることに注目し、ちょい足しや朝食関連食材との組み合わせを提案。

ちょい足し
＋酸味（レモン）、辛味（しょうが）
＋ココア、抹茶
＋きな粉

ミルク割り
朝食では、甘酒を冷たい牛乳で割る飲み方もみられる

甘酒×オートミール
市場が急拡大しているオートミールとの組み合わせを楽しむ

甘酒でお手軽ホットスイーツ

コロナ禍以降増加した間食需要に対応し、寒い時期にぴったりの甘酒を使ったヘルシーなホットスイーツを提案。

甘酒チェー
ベトナムのスイーツ「チェー」を甘酒で作る。濃厚なココナッツミルクは甘酒と相性◎

甘酒しるこ
手作りと既製品、両方を訴求したい

甘酒フレンチトースト
ヘルシースイーツとして注目メニュー

提案③ 大「寒」は「燗」酒を楽しむ

「温かい料理に合う」「魚料理に合う」という燗酒の特徴を売り場で伝え、大寒に絡めて「燗」を提案。

美味しい温め方

家庭にある調理器具で、美味しく日本酒を温めるコツを紹介。燗酒へチャレンジしやすいようPOPを掲示。

湯煎で燗酒
アルコールが飛びづらく、香りを保てる！

レンジで燗酒
簡単！気軽に燗酒にチャレンジ！

おうちでできる！
おいしいお燗の仕方、教えます！
POP例

湯煎で燗酒
アルコールが飛びにくく、香りを保てるのでおすすめ！
湯煎のコツ
①徳利に日本酒を注ぎ、ラップで蓋をする。
②徳利が半分浸かる程度のお湯を沸かす。
③沸騰したら火を止めて、徳利を入れる。
だいたい2〜3分くらいで約45℃の上燗が完成！

おうちでできる！
おいしいお燗の仕方、教えます！
POP例

レンジで燗酒
簡単！気軽に燗酒にチャレンジ！
加熱の目安（1合を熱燗（50℃）にする場合）
冷蔵庫から取り出した状態：500W 90秒
常温の状態：500W 70秒
レンジ加熱のコツ
徳利に日本酒を7割ぐらい入れ、ラップで蓋をして加熱。温めた後、1分ほど時間をおくと温度が均一になる。

2 月
February

今月の販促展開

●今日は恵方巻が主役！
〜恵方巻にぴったりな食卓を提案〜
●家族ニッコリ♪気軽に賢く楽しむハッピーバレンタイン

2023年 記念日カレンダー

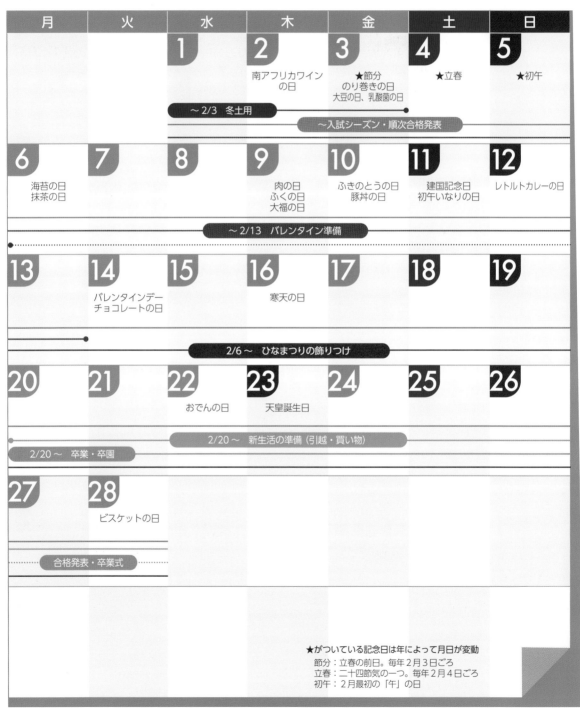

月	火	水	木	金	土	日
		1	**2** 南アフリカワインの日	**3** ★節分 のり巻きの日 大豆の日、乳酸菌の日	**4** ★立春	**5** ★初午
				～2/3　冬土用		
				～入試シーズン・順次合格発表		
6 海苔の日 抹茶の日	**7**	**8**	**9** 肉の日 ふくの日 大福の日	**10** ふきのとうの日 豚丼の日	**11** 建国記念日 初午いなりの日	**12** レトルトカレーの日
		～2/13　バレンタイン準備				
13	**14** バレンタインデー チョコレートの日	**15**	**16** 寒天の日	**17**	**18**	**19**
		2/6～　ひなまつりの飾りつけ				
20	**21**	**22** おでんの日	**23** 天皇誕生日	**24**	**25**	**26**
2/20～　卒業・卒園		2/20～　新生活の準備（引越・買い物）				
27	**28** ビスケットの日					
合格発表・卒業式						

★がついている記念日は年によって月日が変動
節分：立春の前日。毎年2月3日ごろ
立春：二十四節気の一つ。毎年2月4日ごろ
初午：2月最初の「午」の日

月のポイント

1 恵方巻

　ここ数年の節分では恵方巻を食べることがますます定着してきた。自宅で恵方巻を楽しむ人も増加し、恵方巻の予約販売は好調となっている。

2 バレンタイン

　近年、コロナ禍を経て義理チョコを贈る需要は減少しているが、家族や友人、自分自身に対してチョコレートを贈る傾向が強まっており、特に高価格帯商品が好調。

年間平均に比べ2月によく食べられているメニュー※（特化度1.1以上）

主食	温かい汁うどん，麦・胚芽米ご飯，のり巻き寿司，レーズンパン，肉まん，雑炊・おじや，味噌ラーメン，磯辺焼き，ホットサンドイッチ，温かい汁そば，おかゆ，あわ・ひえご飯
汁物	コーンポタージュスープ，コンソメ味の野菜スープ，豚汁，その他の中華風スープ，コーン以外のポタージュスープ，卵スープ，トマト味のスープ
主菜	野菜のおひたし，野菜のごま和え・ごま味噌和え，おでん，寄せ鍋（味付けつゆの鍋），魚の干物の焼き物，大根の煮物・含め煮，きんぴらごぼう，チキンのクリームシチュー，切り干し大根の煮物，煮魚，ごぼう以外のきんぴら料理，湯豆腐
副菜	茹でブロッコリー，たくわん漬け，白菜漬け，味付け海苔，ひじきの煮物
菓子・デザート	チョコレート
飲料	コーヒー，緑茶・煎茶・番茶，紅茶，ほうじ茶，その他の日本茶，ココア

出所：㈱ライフスケープマーケティングの食MAP®データです。
※ 2017年～2021年2月TI値合算の上位メニューをTI値順に記載（食卓機会：朝・昼・夕、TI値：5.0以上、特化度：1.1以上）
TI値：1,000食卓あたりの出現回数。　特化度：2017年1月～2021年12月のTI値合算に対する特化度。

2月によく売れるもの 👑

分類	総合	PI値	加工食品	PI値	チルド	PI値	冷凍食品	PI値
カテゴリー	菓子パン	22,461	菓子パン	22,461	チルドホイップ用生クリーム	2,371	冷凍中華風惣菜	5,291
	大袋／徳用チョコ	8,139	製菓材料	2,389	チルド餃子	2,104		
	板チョコ・粒チョコ	6,844	袋スープ	2,162				
	銘店／ブランド（バレンタイン）	5,541	小麦粉	1,215				
	冷凍中華風惣菜	5,291	ブラウンソース	1,175				

分類	日配品	PI値	菓子	PI値	飲料	PI値	酒類	PI値
カテゴリー	プレーンバター	2,708	大袋／徳用チョコ	8,139			ジン	302
	フレッシュチーズ	2,140	板チョコ・粒チョコ	6,844			中国酒	62
	ひき割り納豆	1,945	銘店／ブランド（バレンタイン）	5,541			カナディアン	42
	無塩バター	1,063	ビスケット／クッキー	2,737			カルバドス	1
	無塩マーガリン	127	チョコレート輸入菓子	1,191				

出所：㈱KSP-SPのKSP-POS（食品スーパー）をもとに国分グループ本社で集計
抽出期間：2021年1～12月、各月で年間1位のカテゴリー（細分類）上位5カテゴリーを、大分類ごとに提示
PI値：1カ月の店舗来店者1,000人当たりの購入金額

週のポイント！

Key Word

節分

近年の恵方巻はサイズや種類が多様化している。売り場では海鮮巻だけでなく、「お肉」と「鬼食う」をかけた「お肉の恵方巻」など、食べる人の好みに合わせた手作り恵方巻を提案。

初午

2月最初の午の日である初午では稲荷神の使いであるきつねの好物、油揚げを使ったいなり寿司を提案。惣菜のいなり寿司に加え、油揚げを使ったきつねうどんやきつねそばもおすすめ。

南アフリカワインの日

約360年前の1659年2月2日に、南アフリカで初めてワインが造られたことを記念して制定された。南アフリカワインの販促の好機としてとらえたい。

2/2
南アフリカワインの日
2/3
節分、
のり巻きの日、
大豆の日、
乳酸菌の日
2/5 初午

年間52週中の支出金額順位

（ ）は年間平均を1.00とした場合の指数

内食	中食	外食	食費計
31 位	3 位	51 位	31 位
(0.98)	(1.26)	(0.68)	(0.97)

平日	休日	平日	休日	平日	休日	平日	休日
24 位	32 位	1 位	51 位	49 位	51 位	16 位	52 位

チラシテーマ

（ ）は企業数：社

・節分（18）
・メニュー提案（10）
・鍋（7）
・2/14 バレンタインデー（6）
・メーカーフェア（6）
・駅弁・空弁・各地銘菓（6）

週次金額 PI 値上位データ

特化度 1.5 以上
節分

細分類	PI 値	特化度
鍋物つゆ	4,623	1.63
板チョコ・粒チョコ	3,539	1.71
焼きのり	2,020	2.03
チルド中華饅頭	1,841	1.72
寿司	1,740	1.62
農産系珍味	1,657	1.74

週のポイント！

Key Word

乳酸菌

この時期は寒さから体調を崩しやすく、また受験シーズンが本格化。売り場では、ヨーグルトや乳酸菌飲料に「体調管理に気を付けよう」等の POP をつけて提案を強化。

バレンタイン直前

チョコレートにプラスして手作り材料である小麦粉やホットケーキミックス [1.4 倍]、無塩バター [1.7 倍]、冷生地 （パイシート）や関連商材のクッキングシートなどを提案。

花粉症対策

花粉はピークを迎える。「花粉到来！」などのコト POP を使用して、花粉症対策グッズや、花粉症に効果があるといわれるドリンクヨーグルト [1.1 倍] などを販促。

2/6 海苔の日、
抹茶の日
2/9 肉の日、
ふくの日、大福の日
2/10
ふきのとうの日、
豚丼の日
2/11 建国記念日
2/12
レトルトカレーの日

年間52週中の支出金額順位

（ ）は年間平均を1.00とした場合の指数

内食	中食	外食	食費計
14 位	38 位	47 位	37 位
(1.00)	(0.94)	(0.75)	(0.96)

平日	休日	平日	休日	平日	休日	平日	休日
15 位	37 位	25 位	52 位	52 位	41 位	35 位	49 位

チラシテーマ

（ ）は企業数：社

・2/14 バレンタインデー（16）
・メーカーフェア（7）
・メニュー提案（7）
・ごちそう（6）
・春の旬（6）
・初午の日（4）

週次金額 PI 値上位データ

特化度 1.5 以上

細分類	PI 値	特化度
大袋／徳用チョコ	6,579	1.55
鍋物つゆ	4,623	1.58
板チョコ・粒チョコ	3,539	3.00
クッキー・ビスケット・チョコギフト	2,225	1.57
チルド中華饅頭	1,841	1.77
農産系珍味	1,657	1.65

2/13 〜 2/19

週のポイント！

2/14
　バレンタインデー、
　チョコレートの日
2/16　寒天の日

 Key Word

バレンタインチョコレート

コロナ禍を経て手作りする人は減少傾向だが、まだ根強い需要はある。手作り2大ニーズの「簡単」「映え」に注力した品揃え、売り場展開を考えたい。

家族でバレンタイン

自宅で楽しむ機会が増えているため、食事や家で食べるデザートにもチャンス。「家族」「おうち」などを軸にした提案がおすすめ。

九州フェア

暖かい地域から一足早く春の旬ものが出回り、九州フェアを行う企業もみられる。サラダや刺身などに九州の調味料を合わせて展開し、買い上げ点数アップを狙う。

年間52週中の支出金額順位
（　）は年間平均を1.00とした場合の指数

内食	中食	外食	食費計
24位	22位	42位	39位
(0.98)	(0.99)	(0.79)	(0.96)

平日	休日	平日	休日	平日	休日	平日	休日
36位	20位	18位	36位	44位	45位	43位	37位

チラシテーマ
（　）は企業数：社

- 春の旬（10）
- 2/14バレンタインデー（9）
- 物産展・地方特集（9）
- メニュー提案（8）
- メーカーフェア（7）
- 駅弁・空弁・各地銘菓（5）

週次金額PI値上位データ
特化度1.5以上
バレンタインデー

細分類	PI値	特化度
板チョコ・粒チョコ	3,539	1.81
チルド中華饅頭	1,841	1.75
おでんセット	1,287	1.61
その他おでん関連品	1,149	1.73
製菓材料	1,005	1.86
銘店／ブランド（バレンタイン）	914	3.30

2/20 〜 2/28

週のポイント！

2/22
　おでんの日
2/23
　天皇誕生日
2/28
　ビスケットの日

Key Word

ひなまつり

ひなあられ[11.3倍]や寿司の素などひなまつり関連商材の売上げがピークに。米菓[1.1倍]や和風焼き菓子[1.1]倍など和の菓子の売上げも上がるため、和菓子を取り入れた販促も強化。

ホットメニュー

おでんは11月にピークを迎えるが、この時期もおでんの材料である練り製品、こんにゃくがよく売れるため、需要を取り込んでいく。

春の旬

「春のおいしさ」「春の味わい」「春をお届け」などの言葉と共に、旬の食材の提案強化を図る。春野菜や旬の海産物を使ったメニューを売り場で提案する。

年間52週中の支出金額順位
（　）は年間平均を1.00とした場合の指数

内食	中食	外食	食費計
8位	11位	23位	9位
(1.03)	(1.03)	(1.03)	(1.03)

平日	休日	平日	休日	平日	休日	平日	休日
17位	18位	14位	30位	18位	38位	14位	32位

チラシテーマ
（　）は企業数：社

- 春の旬（14）
- 物産展・地方特集（8）
- 駅弁・空弁・各地銘菓（7）
- メーカーフェア（5）
- メニュー提案（5）
- ごちそう（3）

週次金額PI値上位データ
特化度1.5以上

細分類	PI値	特化度
チルド中華饅頭	1,841	1.61
パッケージケーキ系（ビスケット）	1,203	1.81
その他おでん関連品	1,149	1.50
冷凍その他スナック	573	1.74
その他嗜好飲料	528	1.52

2月の企画

メイン企画
節分

今日は恵方巻が主役！
～恵方巻にぴったりな食卓を～

節分は年間行事の中でも実施率の高いイベント。特にここ数年の節分では恵方巻を食べることが定着し、恵方巻の実施率の方が豆まきよりも高くなっている。そこで「節分＝恵方巻」として、恵方巻に合わせた献立作りを手助けする売り場提案を行う。

節分はクリスマスに次ぐ大きなイベントとなっている。

年中行事やイベントの実施状況について

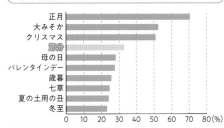

出所：食の総合情報サイト ぐるっぱ
アンケート名：2021年の年中行事やイベントの実施状況について
調査方法：インターネット調査
調査期間：2022年1月6日～2022年1月12日
対象回答者数：1,663人（上位10件を抜粋）

節分時の"豆まき"、"恵方巻"の実施率

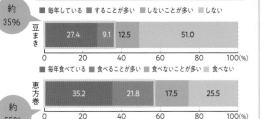

約35%
豆まき：毎年している 27.4 ／ することが多い 9.1 ／ しないことが多い 12.5 ／ しない 51.0

約55%
恵方巻：毎年食べている 35.2 ／ 食べることが多い 21.8 ／ 食べないことが多い 17.5 ／ 食べない 25.5

出所：(株)プラスアルファ・コンサルティング「見える化エンジン」瞬速リサーチ情報の自社集計
調査期間：2022年11月7日～11月13日
対象回答者数：1,910人

近年の節分では恵方巻の実施率が高く、豆まきはしないが恵方巻は食べるという人もいる。

提案① 好きな具材・好きな量で楽しむ

ハーフサイズで変わり種

ハーフサイズであれば変わり種にも気軽にチャレンジできる。

惣菜を使ってボリューム満点

子どもも大好きな唐揚げや海老天も恵方巻に◎。

軽めに食べられるサラダ巻

サラダ巻なら子どもや女性でも食べやすい。

見た目もかわいい恵方巻

ソーセージと錦糸卵を巻いて切り、ケチャップや黒ごまで鬼の顔。

恵方巻は惣菜を購入するだけでなく、手作りを準備する家庭もあり、店頭では手作り恵方巻もニーズが見込まれる。

恵方巻の準備方法

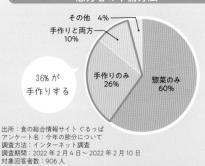

その他 4%
手作りと両方 10%
手作りのみ 26%
惣菜のみ 60%

36%が手作りする

出所：食の総合情報サイト ぐるっぱ
アンケート名：今年の節分について
調査方法：インターネット調査
調査期間：2022年2月4日～2022年2月10日
対象回答者数：906人

お肉（鬼食う）の恵方巻

子どもも大人も大好きな「お肉」を使った恵方巻。
鬼食う（おにくう）とお肉（おにく）の語呂合わせで縁起も良し。

お肉の恵方巻

海鮮だけでなく肉の訴求も増えているため、肉を巻いた恵方巻もおすすめ。

キンパ（韓国風のり巻き）

昨今の韓国ブームにより、韓国料理はより身近な存在に。

【具材に関するお悩み】
・家族みんな違う具の恵方巻きを食べたがる（30代女性）
・具材のマンネリ（30代女性）

出所：食の総合情報サイト ぐるっぱ

提案② 売り場で食卓丸ごと提案

節分の日のメニューに関する悩み解消のため、売り場でその日の食卓が完成するようなメニュー提案を行う。

節分時の食卓メニューでは「味噌汁」「茶碗蒸し」など恵方巻にプラスできるメニューの出現回数が増えている。

「恵方巻」の同時食卓出現ランキング

順位	食卓同時出現メニュー	同時出現率	通常 TI 値	特化度
1	味噌汁	40.9%	365.38	1.12
2	麦茶（アイス）	22.7%	203.30	1.12
3	ビール	22.1%	167.58	1.32
4	緑茶・煎茶・番茶（ホット）	18.8%	167.58	1.12
5	ミックス野菜サラダ	11.0%	126.37	0.87
6	豚汁	7.8%	41.21	1.89
7	鶏肉の唐揚げ	7.1%	54.95	1.30
7	ほうじ茶（ホット）	7.1%	65.93	1.08
9	茶碗蒸し	5.8%	27.47	2.13
9	ミネラルウォーター	5.8%	49.45	1.18
9	牛乳（アイス）	5.8%	71.43	0.82
9	チューハイ	5.8%	63.19	0.92

【メニューに関するお悩み】

・恵方巻きを買って足りないと困る（30代女性）
・栄養のバランスがイマイチ（30代男性）
・恵方巻きと合うおかずがなかなか見つからない（50代女性）

出所：食の総合情報サイト　ぐるっぱ

出所：㈱ライフスケープマーケティングの食 MAP® データです
データ取得期間：2022 年 2 月 3 日
メニュー詳細分類：「のり巻き寿司」
食卓機会：夕食
TI 値：1,000 食卓あたりの出現回数
同時出現率：「のり巻き寿司」と一緒に食卓に出されたときの割合
同時出現特化度：対象メニューが「のり巻き寿司」と一緒に食卓に出されている TI 値を同期間の通常 TI 値と比較して、何倍出現しやすいかを表した指数。高いほど同時に出現する頻度が高い。

気軽にプラス1品！簡単おかず

節分の食卓出現率の高いメニューに注目し、レンジでできる調理方法やちょい足しアレンジメニューを紹介。

唐揚げ ＋ ちょい足し

ヤンニョムチキン風アレンジ
市販のからあげにソースをちょい足しすることで"韓国風"に！キンパと合わせて提案するのもおすすめ！

レンジで作るレシピを紹介

茶碗蒸し ＋ ちょい足し

味変
茶碗蒸しに柚子胡椒や山椒をちょい足し。いつもとはちょっと変わった味付けで楽しめる

いわれメニュー・食材で楽しむ

鬼はいわしのにおいと柊のトゲが苦手とされており、一部地域で柊鰯という風習がある。

汁物
・鬼除け汁（節分汁）
豚汁やけんちん汁に蒸した大豆をトッピングしたもので、食べると厄除けになると言われる
・つみれ汁
いわれ食材「いわし」を使った汁物メニュー

一品プラス
・オイルサーディン缶
いわれ食材「いわし」が原料。ひと手間加えるだけでよりおいしいおつまみに！

K&K　缶つま日本近海獲り
オイルサーディン
（国分グループ本社）

提案③ "恵方呑み"で福を呼ぶ！

節分に飲む"恵方呑み"に合わせ、節分にぴったりなお酒を提案。

節分当日のメニューランキング（アルコール）

カテゴリ分類	順位	メニュー詳細分類	TI 値
アルコール	1	ビール	167.6
	2	チューハイ	63.2
	3	日本酒	44.0
	4	焼酎	38.5
	5	ウイスキー	30.2

出所：㈱ライフスケープマーケティングの食 MAP® データです
データ取得期間：2022 年 2 月 3 日（木）
食卓機会：夕食
TI 値：1,000 食卓あたりの出現回数

節分当日はビールやチューハイに加え、"日本酒"も人気が高い

日本酒
節分の日本酒の定番"鬼ころし"のほか、"福"がついた日本酒も提案。

ビール
"鬼"や"福"の名前のついたビールで節分気分をより楽しむ。

POP例

節分には「恵方呑み」

「恵方呑み」とは…
その年の恵方に向かって日本酒を呑むこと。恵方巻と同じように福を呼び込み、願いを叶えようという意味が込められている。

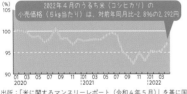

家族ニッコリ♪ 気軽に賢く楽しむ ハッピーバレンタイン

メイン企画 バレンタイン

最近のバレンタインは、恋人たちのイベントから家族のイベントに変わっている。また、昨今の食品の値上がりはあるが、イベントを工夫して料理を楽しむニーズがあると考えられる。そこで、家族で気軽に、賢く楽しむイベントとして打ち出す。

あなたにとってバレンタインとは？

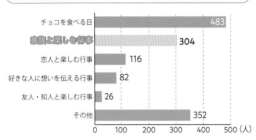

チョコを食べる日	483
家族と楽しむ行事	304
恋人と楽しむ行事	116
好きな人に想いを伝える行事	82
友人・知人と楽しむ行事	26
その他	352

（人）

出所：㈱プラスアルファ・コンサルティング「見える化エンジン」瞬速リサーチ情報の自社集計
調査期間：2022年11月7日～11月13日
対象回答者数：1,363人

この数年、家族に対してプレゼントを渡す人が増加。

バレンタインに食べたいもの

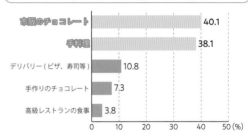

市販のチョコレート	40.1
手料理	38.1
デリバリー（ピザ、寿司等）	10.8
手作りのチョコレート	7.3
高級レストランの食事	3.8

（%）

出所：㈱プラスアルファ・コンサルティング「見える化エンジン」瞬速リサーチ情報の自社集計
調査期間：2022年12月2日～12月3日
対象回答者数 =344人

「チョコレート」と「手料理」との回答が多い。

提案① 家族で囲むちょいハピごはん

● 手料理はバレンタインに食べたいものの上位に上がり、予算も普段よりもやや上がる傾向にある。

お米メニュー

このところの食品の相次ぐ値上げの中で、米の価格は比較的安定しており、家計的にも注目すべき食材。

コシヒカリの小売価格推移

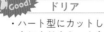

2022年4月のうるち米（コシヒカリ）の小売価格（5kg当たり）は、対前年同月比-2.8%の2,292円

出所：「米に関するマンスリーレポート（令和4年5月）」を基に国分グループ作成
https://www.maff.go.jp/j/press/nousan/kikaku/attach/pdf/220513-1.pdf

Good! ドリア
・ハート型にカットしたにんじんやハムをトッピング

Good! パエリア
・ハレの日メニューとして人気上昇
・冷凍商品や缶詰でコスパ○
・具材入りの素で手間なし

K&K"CAN"Pの達人
シーフードパエリアの素
（国分グループ本社）

Good! オムライス
・ケチャップでイラストやメッセージを添える
・ちょっとした会話のネタにもおすすめ！

バジルメニュー

バジルの花言葉は「好意」「何という幸運」。
家族と楽しむバレンタインにぴったり。

POP例

バレンタイン♡
いつもの「ありがとう」をちょっぴり伝えてみませんか？

バジルソース
●カプレーゼ
●チキンソテー
●ピザ
●パスタ

バジルの花言葉は
「好意」
「何という幸運」

国産バジルソース（グレープシードオイル使用）
（国分グループ本社）

デザート

温かい・冷たいなど温度管理が必要な場合でも、自宅ならではの楽しみ方ができる。

Good! チョコプリン
・具材は自由にアレンジ
・加熱調理がほぼないため電気代が○

Good! チョコレートフォンデュ
・材料は板チョコと牛乳のみ 生クリームなしでも○
・フォンデュする食材は組み合わせ自由

提案② チョコのプレゼントはこれで決まり！

次の年中行事のうち、2021年に贈り物（プレゼント）をした、
またはされた行事は何ですか。

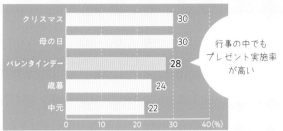

行事	%
クリスマス	30
母の日	30
バレンタインデー	28
歳暮	24
中元	22

行事の中でも
プレゼント実施率
が高い

出所：食の総合情報サイトぐるっぱ
アンケート名：2021年の年中行事やイベントの実施状況について
調査方法：インターネット調査
調査期間：2022年1月6日～1月12日
対象回答者数：1,663人（複数回答あり）

手作りで可愛い×トレンドスイーツ

2022年では、コミュニケーションの
きっかけになるような提案を企業が行った。

↓

写真を撮りたくなるような、
トレンドを取り入れた手作りスイーツを提案

カップケーキデコ

ホットケーキミックスで作っ
たマフィンを好きな色でデコ
レーション。カラフルなチョ
コレートや生クリームを盛っ
た映えスイーツ。

クッキーのせブラウニー

手作りのブラウニーに市販
のクッキーをのせ、アクセ
ントに。

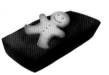

プレゼントを渡す人が多いイベントで市販品が
多いが、学生は手作りの割合が高い。市販品と
手作りの両面から提案。

簡単手作りチョコスイーツ

手作りのポイントは簡単にできること。
見映えも意識。

↓

簡単に作れて失敗しにくい手作りスイーツを提案
見映えする要素も盛り込む

チョコサラミ

材料を合わせて冷やし固めた
チョコレート菓子。ナッツやド
ライフルーツ、マシュマロの食
感が楽しい。

パン粉チョコクランチ

レンジでパン粉、チョコをそれぞれ加熱し、
混ぜて成形するだけ！

市販品チョコ

バレンタイン＝チョコレートのイメージはいまだ根強い。

↓

プレゼントにおすすめの市販品チョコレートを提案
今注目のSDGsに配慮した商品は差別化するのにおすすめ

トニーズチョコロンリー ミルクチョコレート
（国分グループ本社）

※トニーズはスレイブフリー（強制労働のないカカ
オ生産）のチョコレートを業界全体に促したいと
考えているチョコレートメーカー。

提案③ ワイン＆ノンアルコールカクテルで楽しむ

バレンタインにぴったりワイン

「ファミリア・パスクア」

ラベルに「ロミオとジュリエット」
ジュリエットの家の壁をデザイン。

ファミリア・パスクア
（右）
パッシメント ロッソ赤
（左）
パッシメント ビアンコ白
（国分グループ本社）

チョコに合うワイン

バレンタインデー以降も長く楽しむ。

華やかなコーヒーの香りと味わい
カフェ・カルチャー赤
（国分グループ本社）

POP例

大人の
バレンタインは
ワインで楽しむ

3月

March

● ひなまつりのお祝いは
　美容と健康にとことんフォーカス！
● ハッピールンルン♪ 春を感じる行楽

2023年 記念日カレンダー

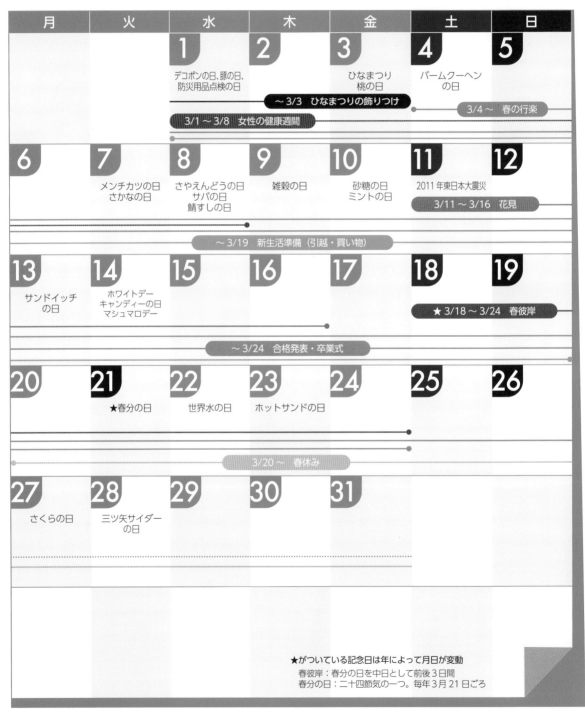

月	火	水	木	金	土	日
		1 デコポンの日、豚の日、防災用品点検の日	**2**	**3** ひなまつり 桃の日	**4** バームクーヘンの日	**5**
6	**7** メンチカツの日 さかなの日	**8** さやえんどうの日 サバの日 鯖すしの日	**9** 雑穀の日	**10** 砂糖の日 ミントの日	**11** 2011年東日本大震災	**12**
13 サンドイッチの日	**14** ホワイトデー キャンディーの日 マシュマロデー	**15**	**16**	**17**	**18**	**19**
20	**21** ★春分の日	**22** 世界水の日	**23** ホットサンドの日	**24**	**25**	**26**
27 さくらの日	**28** 三ツ矢サイダーの日	**29**	**30**	**31**		

～ 3/3　ひなまつりの飾りつけ
3/4 ～　春の行楽
3/1 ～ 3/8　女性の健康週間
3/11 ～ 3/16　花見
～ 3/19　新生活準備（引越・買い物）
★ 3/18 ～ 3/24　春彼岸
～ 3/24　合格発表・卒業式
3/20 ～　春休み

★がついている記念日は年によって月日が変動
春彼岸：春分の日を中日として前後3日間
春分の日：二十四節気の一つ。毎年3月21日ごろ

月のポイント

1 おうちひなまつり

近年、ひなまつりを"女の子のための行事"に限らず、"女性のお祝い"としてとらえる傾向が見られる。

2 春の行楽弁当

直近の行楽弁当の傾向として、コロナ禍でお酒を飲みながらのお花見ができにくくなっていることから、酒のつまみとしての弁当から本格的に食事が楽しめるような弁当に需要がシフトしている。

年間平均に比べ3月によく食べられているメニュー※（特化度 1.1 以上）

主食	ソース焼きそば、温かい汁うどん、醤油ラーメン、ちらし寿司、味噌ラーメン、あわ・ひえご飯
汁物	コーンポタージュスープ、その他の中華風スープ、卵スープ、トマト味のスープ
主菜	野菜のおひたし、野菜のごま和え・ごま味噌和え、マーボー豆腐、大根の煮物・含め煮、煮魚
副菜	茹でブロッコリー、たくわん漬け
菓子・デザート	－
飲料	コーヒー、緑茶・煎茶・番茶、紅茶、ほうじ茶、ドリンクヨーグルト、ココア

出所：㈱ライフスケープマーケティングの食MAP®データです。
※ 2017年〜2021年3月 TI値合算の上位メニューをTI値順に記載（食卓機会：朝・昼・夕、TI値：5.0以上、特化度：1.1以上）
TI値：1,000食卓あたりの出現回数。　特化度：2017年1月〜2021年12月のTI値合算に対する特化度。

3月によく売れるもの 🛒

分類	総合	PI値	加工食品	PI値	チルド	PI値	冷凍食品	PI値
カテゴリー	加糖ヨーグルト	8,192	レトルトソース	2,002	パスタ（チルド麺）	149		
	焼き洋菓子（常温日配）	6,054	さば（ビン缶詰）	1,884				
	餅類（常温日配）	5,459	鮭・鱒（ビン缶詰）	990				
	洋風半生菓子	3,766	寿司の素	893				
	たくわん	3,273	ハヤシルウ	720				

分類	日配品	PI値	菓子	PI値	飲料	PI値	酒類	PI値
カテゴリー	たくわん	3,273	加糖ヨーグルト	8,192	麦芽	368		
	ファットスプレッド	968	焼き洋菓子（常温日配）	6,054	リーフウーロン茶	2		
			餅類（常温日配）	5,459				
			洋風半生菓子	3,766				
			和風半生菓子	3,097				

出所：㈱KSP-SP の KSP-POS（食品スーパー）をもとに国分グループ本社で集計
抽出期間：2021年1〜12月、各月で年間1位のカテゴリー（細分類）上位5カテゴリーを、大分類ごとに提示
PI値：1カ月の店舗来店者1,000人当たりの購入金額

☐ 3/1 ～ 3/12

週の ポイント！

3/1	デコポンの日
3/3	ひなまつり
3/4	バームクーヘンの日
3/7	メンチカツの日、さかなの日
3/8	サバの日、鯖すしの日
3/9	雑穀の日
3/10	砂糖の日、ミントの日

🔑 Key Word

ひなまつり ●
3月8日のミモザの日に絡めたカクテルのミモザ（スパークリングワイン×オレンジジュース）など、「女子会のお供に」といったPOPと併せて売り場全体を盛り上げる。

防災用品点検の日 ●
近年認知が広がりつつあるローリングストックの考え方をさらに広めるべく、レトルト食品や缶詰の提案を強化。防災用品リストの提示もおすすめ。

サバの日、鯖すしの日 ●
定番のサバ寿司やサバの刺身だけでなく、サバのビン缶詰［1.4倍］やパウチ商品、サバのスナック菓子など、栄養価の高いサバを使用した商品を幅広く提案。

年間52週中の支出金額順位
（ ）は年間平均を1.00とした場合の指数

内食	中食	外食	食費計
13 位	9 位	36 位	21 位
(1.01)	(1.05)	(0.89)	(0.99)

平日	休日	平日	休日	平日	休日	平日	休日
8位	25位	5位	33位	31位	33位	13位	29位

チラシテーマ
（ ）は企業数：社

- ひなまつり（13）
- 春の旬（10）
- 備えて安心（6）
- 3/8 サバの日（5）
- 駅弁・空弁・各地銘菓（5）
- 物産展・地方特集（5）

週次金額PI値上位データ
特化度1.5以上
ひなまつり、東日本大震災

細分類	PI値	特化度
クッキー・ビスケット・チョコギフト	2,225	1.93
銘店／ブランド（バレンタイン）	914	2.67

☐ 3/13 ～ 3/19

週の ポイント！

| 3/13 | サンドイッチの日 |
| 3/14 | ホワイトデー、キャンディの日、マシュマロデー |

🔑 Key Word

ホワイトデー ●
200円前後の安価なチョコレートやグミ、クッキーなどをホワイトデー向けに提案強化を図る企業が見られる一方で、コロナ禍以降、銘店ブランドの商品も好調に推移しており、販促強化を図りたい。

和菓子 ●
彼岸のお供え用ぼたもちだけでなく、羊かんやまんじゅう［1.4倍］など和菓子全体［1.3倍］も売上げが伸びるので、和菓子の露出を増やす。

天ぷら ●
惣菜だけでなく、ふきのとうやたらの芽などの旬の春野菜を使った手作りの天ぷらを提案し、お彼岸の食事に色どりを。

年間52週中の支出金額順位
（ ）は年間平均を1.00とした場合の指数

内食	中食	外食	食費計
33 位	17 位	19 位	19 位
(0.98)	(1.01)	(1.09)	(1.00)

平日	休日	平日	休日	平日	休日	平日	休日
41位	8位	17位	6位	22位	5位	30位	5位

チラシテーマ
（ ）は企業数：社

- 彼岸（11）
- 春の旬（8）
- ごちそう（4）
- 駅弁・空弁・各地銘菓（4）
- 物産展・地方特集（4）
- メニュー提案（3）

週次金額PI値上位データ
特化度1.5以上
ホワイトデー、彼岸入

細分類	PI値	特化度
和風半生菓子	2,580	1.51
その他菓子ギフト	2,429	1.61
クッキー・ビスケット・チョコギフト	2,225	1.71
その他和菓子（常温日配）	2,138	1.58
饅頭（常温日配）	1,419	1.60
せんべい・あられギフト	639	1.85

3/20 ～ 3/26

週のポイント！

3/21　春分の日
3/22　世界水の日
3/23　ホットサンドの日

Key Word

お花見

お花見で人気のおにぎりや弁当は、惣菜と手作り材料共に品揃えを強化。近年のコンビニ各社商品に見られるような、見た目も豪華な「ごちそうおにぎり」も一案。

春休み

冷凍パスタ［1.2倍］など冷凍食品や丼の素などレトルト食品などの簡単調理品を、「ワンボウルで後片付けもラクラク」などのPOPをつけて提案。

ホットサンド

アウトドア人気を受けて、ホットサンドメーカーの所有率は上昇。簡単にホットサンドを作れる具材をクロス展開し、販促を強化。

年間52週中の支出金額順位
（　）は年間平均を1.00とした場合の指数

内食	中食	外食	食費計
38位	34位	15位	23位
(0.98)	(0.96)	(1.13)	(0.99)

平日	休日	平日	休日	平日	休日	平日	休日
16位	49位	26位	39位	16位	10位	15位	30位

チラシテーマ
（　）は企業数：社

- ・春の旬（10）
- ・彼岸（8）
- ・花見（7）
- ・メーカーフェア（5）
- ・駅弁・空弁・各地銘菓（4）
- ・物産展・地方特集（4）

週次金額PI値上位データ
特化度1.5以上
春分の日、彼岸明

細分類	PI値	特化度
弁当	2,112	1.99
おはぎ（常温日配）	510	3.39

3/27 ～ 3/31

週のポイント！

3/27　さくらの日
3/28　三ツ矢サイダーの日

Key Word

入学・進学・入社祝い

旬を迎える縁起物の鯛を「めでタイときに食ベタイ！」などのPOPと共に打ち出し、カルパッチョやアクアパッツァなどの料理の素をクロス展開。

春野菜

近年、食品ロス削減に非常に関心が集まっているため、普段捨ててしまう皮や茎なども有効活用した旬の春野菜丸ごと使い切りメニューを紹介。

新生活スタート

近年朝食にパンを食べる人が増えているため、パンとビンジャム［1.2倍］、スプレッドなどの関連販売を強化。トレンドの「あんバター」のスプレッドもおすすめ。

年間52週中の支出金額順位
（　）は年間平均を1.00とした場合の指数

内食	中食	外食	食費計
39位	18位	10位	15位
(0.97)	(1.01)	(1.19)	(1.00)

平日	休日	平日	休日	平日	休日	平日	休日
26位	46位	11位	40位	8位	8位	12位	18位

チラシテーマ
（　）は企業数：社

- ・花見（8）
- ・春の旬（8）
- ・メーカーフェア（6）
- ・駅弁・空弁・各地銘菓（4）
- ・春休み（4）
- ・その他（3）

週次金額PI値上位データ
特化度1.5以上

細分類	PI値	特化度
機能性オイル	1,880	1.67

3月の企画

メイン企画 ひなまつり

ひなまつりのお祝いは 美容と健康にとことんフォーカス！

近年、ひなまつりを"女性のお祝い"としてとらえる傾向が見られる。そこで、すべての女性を対象としておうちひなまつりを盛り上げる。また、在宅期間の増加から美容への関心が高まっていることを受け、美容や健康にフォーカスしたメニュー提案や食材、ドリンクのアプローチを行う。

自分のためのひなまつりをいつまでお祝いしたい？

わからない、他 18.8%
ずっと（毎年）お祝いしたい 25.6%
自分のためには行わない 55.6%

出所：食の総合情報サイト ぐるっぱ
アンケート名：2022年ひなまつりに関するアンケート
調査方法：インターネット調査
調査期間：2022年3月4日～2022年3月10日
対象回答者数：1,096人（すべて女性）

アンケートに回答した女性のうち、4人に1人が自分のためのひなまつりをお祝いし続けたいと回答。

提案① ちらし寿司やアレンジ寿司のススメ

ちらし寿司はひなまつりによく食べられ、チラシ上でも手作りや惣菜で大きく訴求。定番からアレンジまで幅広く行いたい。

美容・健康効果

定番のちらし寿司の美容や健康に関する効果をPOPで記載。

美容&健康 ちらし寿司にプラス！ ～さらに美しくなる食材～

しいたけ
食物繊維が豊富。

ごま
若々しさを保つ。

はちみつ
すし酢の砂糖代わりの調味料として（砂糖の半量程度で同じくらいの甘さに）。

POP例

実は…ちらし寿司は美容にも嬉しい！
エビ・カニ・イクラ：若々しさを保つ抗酸化作用に優れたアスタキサンチンが豊富！
卵：肌や髪を健やかに保つビオチンが豊富！

アレンジチラシ寿司

味や盛り付けを一工夫したアレンジ提案で売り場を盛り上げる施策を打ち出す。

美容&健康 海鮮だけじゃない！
・お肉のちらし寿司
・韓国ビビンバ風

SNS映え 盛り付けをSNS映えに
・カップちらし寿司
・牛乳パックでカンタン！ひし形チラシ寿司

デコいなり寿司

いなり寿司はひなまつりに注目されるメニューに。

「いなり寿司」検索ユーザー数推移

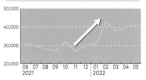

50,000
40,000
30,000
20,000
06 07 08 09 10 11 12 | 01 02 03 04 05
2021 | 2022

出所：㈱ヴァリューズ分析ツール「Dockpit」の分析に基づく

SNS映え 簡単！デコいなり寿司

SNS映え 美容&健康 そぼろいなり寿司
植物性の肉を使用すればヘルシー！

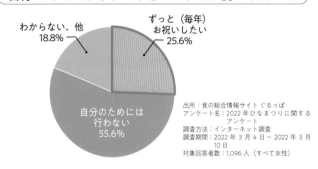

提案② 美と映えを意識！サイドメニューのススメ

ちらし寿司と一緒によく食べられるメニューに着目。年々ひなまつりケーキの定着が見られることからスイーツも訴求を強化。

ひなまつりにおける
ケーキの手作り＋市販品出現回数は
年々伸長

ケーキ類の作り方別出現回数

凡例：市販品　手作り他

年	手作り他	市販品	合計
2018年	26.5	14.5	41.0
2019年	19.3	7.2	26.5
2020年	31.0	14.3	45.3
2021年	29.1	19.4	48.4
2022年	41.7	14.7	56.4

出所：㈱ライフスケープマーケティングの食MAP®データです
データ取得期間：2018〜22年3月3日
食卓機会：夕食1,000世帯1日あたりの出現回数

ひなまつりケーキ

SNS映え要素を盛り込んだスイーツの提案。関連商品とともに打ち出す。

 ひしもちカラーフルーツサンド
ひしもちカラーが映える。

 フルーチェデザート
「フルーチェ」（ハウス食品㈱）はひなまつり週によく食べられている。

 ミモザケーキ
ミモザの花のような可愛らしいケーキ。

汁物＆茶碗蒸し

ちらし寿司と共によく食べられる汁物と茶碗蒸しに着目。

 はまぐりの潮汁
はまぐりには肌荒れ改善に期待できる「グリシン」「亜鉛」が豊富。

 ゆばのお吸い物
大豆イソフラボンは女性ホルモンと似た働きをすると言われる。

茶わん蒸し
椎茸のビタミンDで美肌効果に期待。

サラダ

サラダは、ちらし寿司とはまぐりのお吸い物の次によく食べられているメニュー。

 ミモザサラダ
3月8日の「ミモザの日」に向けてSNS上では投稿が増加。

 シーザーサラダ
カルシウムやタンパク質などの栄養分も多く摂ることができる。

提案③ 飲んで美しく！ ドリンクのススメ

定番のノンアルコールドリンクのほか、女性の醸造家が造ったワインや桃のお酒、美容効果が期待できるドリンクなどを売り場で華やかに展開。

お酒の提案

「女性のお祭り」らしい、映えを意識した華やかで可愛らしいパッケージのお酒。

 国分おすすめワイン
女性が女性のために造ったワイン。

ブリー ロゼ・ピノノワール（国分グループ本社）

 桃のお酒

ノンアルドリンク

甘酒やカルピス（アサヒ飲料㈱）をアレンジして楽しむドリンクや、フルーツを入れて楽しむノンアルカクテルアレンジを提案。

甘酒アレンジ
フローズン甘酒ヨーグルト
カルピスアレンジ
カルピスでつくるフルーツシャーベット
フルーツ×ノンアルカクテル
ごろごろフルーツのノンアルカクテル

季節企画 春の行楽

ハッピールンルン♪ 春を感じる行楽

春の行楽の代表であるお花見の目的は春を感じることが最も多いが、コロナ禍で本当は春を感じたいにも関わらず、その機会が減っている。そこで、食を通して春を楽しむ提案を行う。

今後1年間に予定・検討している国内旅行の行き先

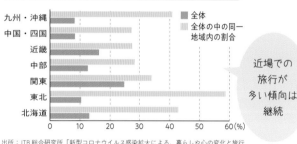

近場での旅行が多い傾向は継続

出所：JTB総合研究所「新型コロナウイルス感染拡大による、暮らしや心の変化と旅行に関する意識調査（2022年4月）」を基に国分グループ本社で加工
調査期間：2022年3月25〜31日
対象回答者数：988人（23年3月までに国内旅行を予定・検討している人）（単数回答）

あなたにとってお花見の好きな点は？

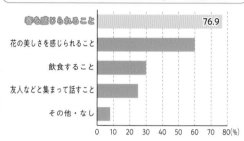

出所：㈱プラスアルファ・コンサルティング「見える化エンジン」瞬速リサーチ情報の自社集計
調査期間：2022年2月28日〜3月6日
対象回答者数：1,092人（複数回答可）

お花見で春を感じる機会が減少していると想定。

提案① 行楽を盛り上げるお酒

● コロナ禍以降の変化としては、①酔い過ぎないように気を付ける人が増えている　②3割の人がお酒に弱くなったことを実感。

小容量　飲みきり

大人数の宴会はもうできず、座って飲む場所も十分にない。

POP例
楽しい行楽で心地よく酔いたいあなたへ！
飲む量を調整できる
小さめサイズはいかが？
いろんなお酒の飲み比べもおすすめ♪
ワイン180ml　350ml　日本酒300ml

- 小容量は飲み比べができ、選ぶ楽しみがある
- 酔い過ぎる心配がない
- 行楽時は持ち運びするものを少なくしたい
- 少人数で集まるシーンが増加すると、個人の嗜好に合わせて準備するスタイルが中心になると想定

低アルコール＆ノンアルコール

酔い過ぎないように気をつけられる低アルコール、ノンアルコールを提案。

ノンアルコール飲料市場は拡大傾向

（PI値）　ビアテイスト飲料　その他ノンアルコール飲料

年	値
2017年	2,999
2021年	3,804

4年間で126%

出所：㈱KSP-SP の KSP-POS（食品スーパー）を基に国分グループ本社で集計

POP例
楽しい行楽で心地よく酔いたいあなたへ！
酔い過ぎない
低アルコール
ノンアルコール
はいかが？
4%　0.5%　0%　BEER

提案② 行楽弁当で春を楽しむ

コロナ禍以前の花見弁当は、おつまみとなるメニューの提案が目立っていたが、今は食事として楽しみたい人が増えている。

おにぎり

お花見に持っていきたいもの1位。
最新のトレンドを取り入れて差別化を図る。

具材たっぷりごちそう握り

大きな具材を使った
おにぎりがメディアで
多数特集

チュモッパ

韓国伝統の家庭料理で、漬物や韓国のりなどを混ぜたひと口サイズのおにぎり。検索ユーザー数が上昇しているトレンドメニュー。

サンドイッチ

トレンドを取り入れたメニュー提案で、
日常のサンドイッチに特別感をプラス。

具だくさんサンド

わんぱくサンド（具材をたっぷり詰め込んだサンドイッチ）の Instagram 投稿は 12.7 万件（2022 年 8 月現在）。

フルーツサンド

フルーツサンド専門店が増加し、小売業でも映えるサンドイッチの品揃えが増えている。

いなり寿司

中身が見えるオープンいなり寿司、
くるくると巻いたいなり寿司を紹介。

映えオープンいなり寿司

包まず、中の具材を見せることで簡単に見映えする。

変形いなり寿司

いなり寿司用の油揚げを使い、くるくると巻いたもの。見た目が可愛く、子どもと一緒に作って楽しめる。

から揚げ

- お花見弁当で持っていきたい食べ物の上位にランクイン
- 好きなおかずランキング1位

↓

から揚げは普段から食べられているため、
弁当で持っていくことに特化した提案を行う

POP例

古くて新しい！
チューリップのから揚げで行楽がもっと楽しくなる！

チューリップとは……
鶏手羽元の先にはさみで切れ目を入れて身をくるっと丸め、チューリップ型にしたもの

提案③ 春らしさを感じるメニュー

ピンクや緑といった春らしい色合いを取り入れたメニューを紹介。また、花は春らしさを感じられるポイントの1つ。

「春」を色で表すと何色ですか？

色	回答数
ピンク色	1522
パステルカラー	253
黄色	178
みどり色	152
黄緑色	114

（0　500　1000　1500　2000）

春を感じる色としてイメージされるのは、
圧倒的にピンク。パステルカラーも
春をイメージする色になっている。

出所：㈱プラスアルファ・コンサルティング「見える化エンジン」瞬速リサーチ情報の自社集計
調査期間：2022 年 10 月 24 日〜 10 月 31 日
対象回答者数：1,810 人（複数回答）

春色＆春旬

春の色と春の旬食材を使ったメニューを提案。

サラダ

春をイメージする人気の色は桃・ピンク系、黄緑・ライトグリーン系。春の色と春の旬食材を使ったメニューを提案。

ピザ

- シーフード＆バジル
- 生ハム＆
　グリーンサラダ

春の花

春に咲く花にちなんだ商品を集めて展開。

桜　桃　梅

今月の
販促展開

●わんぱく BBQ ！
　～ GW は豪快に BBQ を家族と楽しもう～
●時短朝食で毎日を元気に過ごそう！

2023 年 記念日カレンダー

月	火	水	木	金	土	日
					1 エイプリルフール 入学式	**2**
3 みずの日 いんげん豆の日	**4** あんぱんの日 どらやきの日 米粉の日 フォーの日	**5**	**6** コンビーフの日 春巻きの日	**7**	**8** 花祭り 炭酸水の日 ベビーリーフの日	**9** ★イースター 食と野菜ソムリエの日 よい P マンの日
10 駅弁の日 よいトマトの日	**11**	**12** パンの記念日	**13** 水産デー 喫茶店の日	**14** オレンジデー	**15**	**16**
17 なすび記念日	**18**	**19**	**20**	**21**	**22** アースデー	**23**
24	**25** ★春土用の丑 （一の丑）	**26**	**27**	**28** シニアーズデイ	**29** 昭和の日 羊肉の日 ナポリタンの日	**30**

〜 4/2　春の行楽

春休み

新学期スタート（入園式・入学式）

4/5 〜　給食開始

4/17 〜　春土用

4/17 〜　春の遠足

4/17 〜 4/30　新茶出回り

4/17 〜　GW の予定を考える

★ 4/29 〜　GW

★がついている記念日は年によって月日が変動
イースター：春分の日以後の満月より後にくる最初の日曜日
春土用：立夏の前の 18 日間
春土用の丑の日：丑の日は十二支の「丑」にあたる日。
　　　　　　　　土用期間中の丑の日を「春土用の丑の日」と呼ぶ

月のポイント

1 おうち BBQ

アウトドア・キャンプブーム人気の継続で GW に BBQ・焼肉は、実は自宅でもよく食べられる。GW は家族みんなで楽しめる、豪快でわんぱくなおうち BBQ を提案したい。

2 時短朝食

4月は新年度が始まることから、心新たに生活を見直す人も増える時期。忙しい中、きちんと朝食を摂るために、時短で体にも良い提案をしたい。

年間平均に比べ4月によく食べられているメニュー※（特化度 1.1 以上）

主食	炊き込みご飯、ソース焼きそば、醤油ラーメン、ピザトースト、ホットケーキ・パンケーキ、まぜご飯、オムライス
汁物	味噌汁、卵スープ、わかめスープ
主菜	野菜のおひたし、野菜のごま和え・ごま味噌和え、豚肉のしょうが焼き、焼き肉、天ぷら、竹の子の和風煮物、切り干し大根の煮物、煮魚、豚肉と野菜の中華風炒め
副菜	その他の野菜サラダ
菓子・デザート	チョコレート、ビスケット・クッキー
飲料	コーヒー、紅茶

出所：㈱ライフスケープマーケティングの食 MAP®データです。
※ 2017 年～ 2021 年 4 月 TI 値合算の上位メニューを TI 値順に記載（食卓機会：朝・昼・夕、TI 値：5.0 以上、特化度：1.1 以上）
TI 値：1,000 食卓あたりの出現回数。　特化度：2017 年 1 月～ 2021 年 12 月の TI 値合算に対する特化度。

4月によく売れるもの

分類	総合	PI 値	加工食品	PI 値	チルド	PI 値	冷凍食品	PI 値
カテゴリー	食パン	21,100	食パン	21,100	焼きそば（チルド麺）	3,697	冷凍洋風麺	3,606
	調理パン	8,051	調理パン	8,051	チルドスナック類	1,596	冷凍弁当用その他注1	3,550
	ツナ（ビン缶詰）	3,985	ツナ（ビン缶詰）	3,985	チルドフライ類	251	冷凍畜産フライ	2,295
	プリン（チルド）	3,734	ドレッシング	3,732			冷凍水産フライ	611
	ドレッシング	3,732	ふりかけ	3,667			冷凍和風物菜	480

分類	日配品	PI 値	菓子	PI 値	飲料	PI 値	酒類	PI 値
カテゴリー	惣菜納豆	1,644	プリン（チルド）	3,734				
	ソフトマーガリン（有塩）	1,021	木の実	3,215				
	キャンディーチーズ	461	箱／筒スナック	3,024				
	ハードチーズ	155	せんべい（うるち米）	2,619				
			米菓ソフト	2,378				

出所：㈱ KSP-SP の KSP-POS（食品スーパー）をもとに国分グループ本社で集計
抽出期間：2021 年 1 ～ 12 月、各月で年間 1 位のカテゴリー（細分類）上位 5 カテゴリーを、大分類ごとに提示
PI 値：1 カ月の店舗来店者 1,000 人当たりの購入金額
注 1：弁当用の小分けグラタンやパスタなど

週のポイント！

🔑 Key Word

朝　食

新学期に合わせ朝食に注力したチラシが目立つ。朝食を毎日習慣づけるには、手軽さが重要。準備しやすく栄養豊富なオートミールに着目し、売り場等でレシピを幅広く紹介。

イースター

4月9日はイースター。近年、イースターへの認知度は徐々に上がっている。シンボルの卵を用いたサラダやデザートなど幅広く商品を打ち出し、売り場を盛り上げる。

コンビーフの日

コンビーフの鮮やかなピンク色と春野菜とを合わせた、春らしい見た目のサラダがおすすめ。ドレッシング［1.2 倍］や亜麻仁油などのプレミアム油［1.5 倍］と共にクロス展開。

年間 52 週中の支出金額順位
（　）は年間平均を 1.00 とした場合の指数

内食	中食	外食	食費計
40 位	23 位	12 位	22 位
(0.97)	(0.98)	(1.17)	(0.99)

平日	休日	平日	休日	平日	休日	平日	休日
30 位	36 位	16 位	34 位	6 位	16 位	18 位	23 位

チラシテーマ
（　）は企業数：社

・メニュー提案 (7)
・春の旬 (6)
・お祝い（卒業・入学）(4)
・新学期（朝食・弁当）(4)
・その他 (4)
・駅弁・空弁・各地銘菓 (3)

週次金額 PI 値上位データ
特化度 1.5 以上
イースター

細分類	PI 値	特化度

週のポイント！

🔑 Key Word

春の旬食材

チラシ上でも春の旬食材の取り上げが多い時期。中でもチルド炊き込みご飯の素［1.8 倍］、たけのこ（ビン缶詰）［1.3 倍］が売れる。たけのこの炊き込みご飯の提案がおすすめ。

よいトマトの日

トマトの味の旬は春といわれ、実はトマトがおいしい季節。2020 年に登録された比較的新しい記念日だが、店頭やチラシ上での打ち出しは増えてきている。

パンの記念日

年間でも食パンがいちばん売れる週。13 日の喫茶店の日に合わせ、スライスチーズ［1.2 倍］、ケチャップ［1.1 倍］を使ったピザトーストなどレトロな喫茶店風メニューを提案。

年間 52 週中の支出金額順位
（　）は年間平均を 1.00 とした場合の指数

内食	中食	外食	食費計
43 位	24 位	26 位	35 位
(0.96)	(0.98)	(0.99)	(0.97)

平日	休日	平日	休日	平日	休日	平日	休日
43 位	22 位	20 位	16 位	21 位	27 位	36 位	16 位

チラシテーマ
（　）は企業数：社

・丑の日 (8)
・メニュー提案 (7)
・春の旬 (7)
・物産展・地方特集 (7)
・その他 (6)
・駅弁・空弁・各地銘菓 (3)

週次金額 PI 値上位データ
特化度 1.5 以上

細分類	PI 値	特化度

4/17 ～ 4/23

週のポイント！

4/17　なすび記念日
4/22　アースデー
4/25　春土用の丑の日

🔑 Key Word

GW 準備

翌週から始まる GW に向けて売り場づくりを強化。チラシ上では、この週から酒や飲料のまとめ買いを提案する企業が多く見られる。酒の打ち出しでは、定番に加えてトレンドのクラフトビールなどを提案。

春土用の丑の日

春土用は広く知られてはいないが、この時期は「い」のつく食べ物を食べると縁起が良いとされている。土用の丑の定番として食べられるうなぎに加えて、いなり寿司やいちごなど「い」のつく食べ物に対して、縁起の良さを記した POP と共に提案。

年間 52 週中の支出金額順位
（　）は年間平均を 1.00 とした場合の指数

内食	中食	外食	食費計
41 位	48 位	40 位	48 位
(0.97)	(0.92)	(0.82)	(0.94)

平日	休日	平日	休日	平日	休日	平日	休日
38 位	27 位	47 位	41 位	46 位	30 位	48 位	26 位

チラシテーマ
（　）は企業数：社

・丑の日（8）
・春の旬（8）
・その他（6）
・ごちそう（4）
・駅弁・空弁・各地銘菓（4）
・GW（3）

週次金額 PI 値上位データ
特化度 1.5 以上
春土用一の丑

細分類	PI 値	特化度

4/24 ～ 4/30

週のポイント！

4/28　シニアーズデイ
4/29　昭和の日、
　　　羊肉の日、
　　　ナポリタンの日

🔑 Key Word

おうち BBQ

キャンプブームが続いていることから、引き続き気軽に楽しめるおうち BBQ を提案し、みんなで楽しく過ごせる GW を演出できるよう、カテゴリーを超えて売り場を盛り上げる。

気分転換

車での移動中のお供に手を汚さないで食べられる菓子やガム、コーヒーなどの飲料に注目。「運転中の気分転換や眠気覚ましに」などと POP で提案。

昭和の日

「昭和」をテーマに、現在も親しまれているロングセラー商品や、レトロなパッケージデザインの商品などを陳列し、GW を楽しんでもらえるようなエンド展開を。

年間 52 週中の支出金額順位
（　）は年間平均を 1.00 とした場合の指数

内食	中食	外食	食費計
16 位	31 位	33 位	27 位
(0.99)	(0.96)	(0.89)	(0.98)

平日	休日	平日	休日	平日	休日	平日	休日
23 位	14 位	30 位	17 位	30 位	35 位	26 位	20 位

チラシテーマ
（　）は企業数：社

・GW（13）
・物産展・地方特集（6）
・メーカーフェア（5）
・駅弁・空弁・各地銘菓（4）
・夏の旬（4）
・その他（4）

週次金額 PI 値上位データ
特化度 1.5 以上
春土用二の丑、GW

細分類	PI 値	特化度
その他菓子ギフト	2,429	1.53
その他ポリドリンク／ゼリー	753	1.50
和風デザート（常温日配）	662	1.55
天ぷら粉	514	1.51

メイン企画 GW

わんぱく BBQ！
〜豪快に BBQ を家族と楽しもう〜

GW は家族が揃う傾向が高く、その中で BBQ・焼肉はよく食べられている。アウトドア・キャンプブーム継続が一つの要因として考えられるが、実際には屋外だけでなく、家で BBQ を行う人も見られる。そこで、家族みんなで楽しめる、豪快でわんぱくな「おうち BBQ」を提案する。

22 年度 GW 休日に多かった動機・イベント回答（TOP5）

項目	(%)
家族全員が揃った夕食	43.1
主人の好きな料理	27.4
買い置きの材料が中心の食事	23.1
自分の好きな料理	18.8
忙しい1日だった	18.4

> GWは家族全員が揃う傾向がある

出所：㈱KSP-SP の KSP-POS（食品スーパー）を基に国分グループ本社で集計

GW の過ごし方

項目	(%)
ショッピングモール	24.5
近場	20.0
飲食店	15.9
公園	14.4
観光地	8.9
友人・知人・親戚の家	6.7
観光施設、動物園、水族館	5.5
温泉	4.7
スポーツ施設	3.4
キャンプ、BBQ	1.8
テーマパーク、レジャーランド	1.6
その他	39.7

> キャンプブームでも、実際にキャンプやＢＢＱに出かけた人は1.8％と多くはない。

出所：食の総合情報サイト ぐるっぱ
アンケート名：GW について
調査方法：インターネット調査
調査期間：2022 年 5 月 9 日〜 2022 年 5 月 16 日
対象回答者数：1,669 人

提案① "バー"んと豪快に食べるBBQ

● BBQ で焼きたいもの第1位は「塊肉」。塊肉は家族が揃う時に食べる傾向が最近見られる。また、BBQ といえば串焼姿で焼くイメージも根強い。

塊 肉

上手に焼くことが難しそうな塊肉を、手軽に調理できる方法を紹介しながら、こだわり調味料で豪華さをワンランクアップ。

BBQ で絶対焼きたいものは？

項目	(%)
分厚い肉	53.6%
フランクフルト	48.5%
焼きそば	44.8%
イカ	22.8%
貝類	22.7%
スペアリブ	18.2%
マシュマロ	7.9%
その他	12.4%

> 「塊肉を焼いてみたい」「豪快に食べてみたい」など、塊肉は好奇心をそそる

出所：食の総合情報サイト ぐるっぱ
アンケート名：バーベキューに欠かせない、絶対焼きたいものは何ですか
調査方法：インターネット調査
調査期間：2022 年 11 月 25 日〜 11 月 29 日　対象回答者数：1,385 人（複数回答）

スペアリブ
BBQ でおいしく作るコツと、肉を柔らかくする調理法を売り場で紹介。

ラム肉
BBQ でおいしく作るコツと、肉の臭みを消す調理法を売り場で紹介。

> 豪快でおいしい塊肉の食べ方を提案

お肉が余ったら……

> カレー粉、カレールーを使ってカレーにリメイク

> トマト缶を使ってトマト煮込みにリメイク

POP例

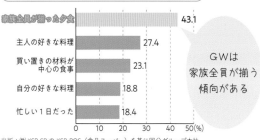
チャレンジ！
塊肉を焼いてみよう！
GW におすすめ！

串焼き

あれもこれも、串に刺したらなんでも BBQ！

焼き鳥
親子でできる串打ちの紹介

ソーセージ
こいのぼりの形を作ろう

シューマイ
シューマイを刺すだけで BBQ の商材に

その他、とうもろこし、いか、豚串、フランクフルト、アメリカンドッグ……

キャンプ飯

女子キャンパーに人気が高いキャンプ飯、パエリアとアヒージョは関心の高いメニュー。

K&K "CAN" P の達人

「味付け」「具材」「水分」がオールインワンのパエリアの素

チキンパエリアの素（国分グループ本社）

シーフードパエリアの素（国分グループ本社）

イカスミパエリアの素（国分グループ本社）

キャンパーノ アヒージョ（国分グループ本社）

提案② "べ"つ腹な〇〇

BBQ・焼肉では、スープやデザートなどサイドメニューも楽しむ要素の一つ。

わかめスープ

焼肉とわかめスープの同時食卓出現について　手作り・簡便トレンド（韓国）

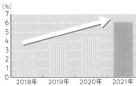

わかめスープは焼肉と一緒に食べられている傾向が増加

出所：㈱ライフスケープマーケティングの食 MAP® データです
データ取得期間：2018 年 1 月 1 日〜 2021 年 12 月 31 日　全食卓機会
同時食卓出現率：焼肉とわかめが一緒に食卓へ出される割合

お菓子も焼いちゃおう！

焼く ×マシュマロ×フルーツ
フルーツの上にマシュマロをのせてグリル。

焼く ×トレンド× 昭和レトロ
昭和からのロングセラー商品、アスパラガス（㈱ギンビス）やカントリーマアム（㈱不二家）をグリル焼き。

焦げやすいので注意

焼く ×マシュマロ×韓国
韓国では、マシュマロを焼いてチョコレートとクラッカーで挟むお菓子「スモア」がトレンド。

提案③ "キュー"っと飲もう

ノンアルコールビール

BBQ・焼肉は摂取カロリーも高くなる場合が多い。カロリー・糖質オフ等を訴求したノンアルコールビールに注目。ドライバーも安心。

ビールテイスト飲料の売上金額割合

健康訴求なし 13.3%
特保 3.5%
機能性表示食品 22.7%
カロリー・糖質0・プリン体0 20.1%
カロリー・糖質0 38.3%

出所：㈱KSP-SP の KSP-POS（食品スーパー）を基に国分グループ本社で集計
抽出期間：2022 年 1 月〜 2022 年 10 月　累計
※期間中の金額 PI 値 1 以上の商品を対象とした。
※商品特徴（謳い文句）別売上金額

メーカーごとの特徴を一覧にして選ぶ楽しさを提案

	〇〇〇ビール	××ビール	
カロリー・糖質 0			
カロリー・糖質 0・プリン体 0			
機能性表示食品			
特保			

クラフトビール

GW は単価の高いプレミアムビールの売上げが伸びる傾向。同じく単価の高いクラフトビールは近年注目が集まっている。

POP例

お家でBBQ 選ぶ楽しさがある クラフトビール！ 色 味わい 香り

味	特徴	アルコール度数 3 %	4 %	5 %	6 %	7 %
ピルスナー	よく冷やして楽しめる、黄金色のビール					
ペールエール	フルーティーなアロマとホップが魅力					
スタウト	ロースト感が魅力の黒い色のビール					
ヴァイツェン	小麦から造られたビール					
IPA	ホップの香りと苦みを鮮烈に味わえる					
フルーツビール	果汁に漬け込んだり果汁を加える					

チャートにするのがおすすめ

時短朝食で
毎日を元気に過ごそう！

新年度が始まり、生活習慣を見直す人が増える時期になる。このタイミングに合わせて、スーパーのチラシでは朝食提案が増える。忙しい朝に手間をかけないメニュー作りなど、朝食に関する悩みを解決できるような「かゆいところに手が届く」提案で、朝食の習慣化を後押し。

朝食に求めること

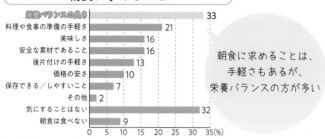

項目	%
栄養バランスの良さ	33
料理や食事の準備の手軽さ	21
美味しさ	16
安全な素材であること	16
後片付けの手軽さ	13
価格の安さ	10
保存できる／しやすいこと	7
その他	2
気にすることはない	32
朝食は食べない	9

朝食に求めることは、手軽さもあるが、栄養バランスの方が多い

出所：食の総合情報サイト ぐるっぱ
アンケート名：朝食・お弁当に関するアンケート
調査方法：インターネット調査
調査期間：2022 年 8 月 30 日～ 2022 年 9 月 5 日
対象回答者数：1,988 人（コロナ禍以前に比べて庭で食事をする際に気にしていること）（複数回答）

朝食を準備する際の困りごと

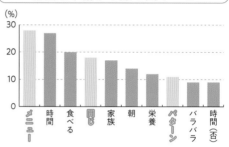

（%）

| メニュー | 時間 | 食べる | 同じ | 家族 | 朝 | 栄養 | パターンバラバラ | 時間（弁） |

出所：食の総合情報サイト ぐるっぱ
アンケート名：朝食・お弁当に関するアンケート
調査方法：インターネット調査
調査期間：2022 年 8 月 30 日～ 2022 年 9 月 5 日
対象回答者数：350 人（複数回答可）

朝食の悩みは、メニューに関することが多い。

提案① 時短の救世主！ パン

朝食はパン派の人が最も多く、中でも食パンを使ったメニューが上位になっていることから、食パンを美味しくかつ時短で食べられるアイテムを提案。

マンネリ防止

トレンドトースト

トーストは朝食のメニューとして最も食べられている。

○○バター	ナッツ
・あんバター	・ピーナッツ
・フルーツバター	・アーモンド
・ずんだバター	・ピスタチオ

POP例

ご当地ジャム

ご当地ジャム大集合！

（山形）サクランボジャム
（青森）リンゴジャム
（広島）マーマレードジャム
（長野）リンゴジャム
（佐賀）キウイジャム
（大阪）レモンジャム

節約

たまごサンド

比較的価格上昇が緩やかな卵を使ったたまごサンドを提案。
レンジで作ることのできる時短レシピを紹介。

サラダタイプ	玉子焼きタイプ
ゆで卵をつぶして、マヨネーズで和えたもの	厚焼き卵をパンにはさんだもの
レンジ加熱した卵をマヨネーズと和えれば簡単！	レンジで喫茶店風の厚焼き卵サンドができる！

POP例

朝食たまごサンド対決！
あなたはどっち派？
サラダタイプ VS 玉子焼きタイプ 食べごたえ十分！

提案② コメざんまいの朝食

食品の値上げが相次ぐ中、米の値上げは小麦など他の食品と比較して緩やか。高まる節約志向に対応できると期待されている。

白米が進む和風朝食

手軽に準備できるパックごはんと楽しむ、おすすめのご飯のお供を紹介。

パックごはんが朝食におすすめの理由

ポイント	メリット
レンジで温めるだけ	炊飯の手間を解決
数分で準備できる	炊飯の手間を解決
一食分だけ用意できる	炊飯後の手間を解決
賞味期限が長い	買い置きができる

お供にちょい足し

人気のごはんのお供に食材をプラスして新しい味に。

納豆×キムチ
海苔×チーズ
明太子×ごま

韓国系

最近のトレンドグルメは韓国料理から数多く誕生していることに注目。

SNSで話題の麻薬卵

韓国海苔を手軽に

POP例

ご飯のお供を推し活！
あなたの「推し」を応援しよう

おにぎり

新しい食材と組み合わせた提案でマンネリを打破しつつ、パックごはんを使って時短でできるおにぎりを提案。
混ぜ込みタイプで簡単に準備できる、新しい味付け。

コンビーフ

節約 マンネリ防止 栄養バランス

4月6日は「コンビーフの日」！

K&K国分のコンビーフ
（国分グループ本社）

塩ふきしいたけ

ごはんに塩ふきしいたけと枝豆を混ぜておにぎりにしてもおいしい！

塩ふきしいたけ（国分グループ本社）

節約 マンネリ防止

お粥

食べやすいことや多様化するフレーバーを即食、レシピ両面で打ち出し、ターゲットを広げる。
消化に良いことから、朝の食欲がない人にも提案。

お手軽即食商品

食べやすい

POP例

みんなおしゃれなお粥があるんです

具粥さん 海老香る
あさりときのこのビスク風
具材入り！レンチン調理OK！150kcal以下！

（国分グループ本社）

イマドキアレンジ

節約 マンネリ防止 食べやすい

アレンジが進化している「チーズがゆ」など洋風がゆのレシピも紹介

提案③ オートミールで栄養ばっちり

注目の食材、オートミールは、栄養面で優れていることに加え、レンジ調理や幅広い味付けが可能で、朝食の課題解決を果たせる食材といえる。

2023年に取り入れてみたい朝ごはん

（%）

オートミール	植物性ミルク（アーモンドミルク、ライスミルク）	グルテンフリーパンケーキ	プロテイン	台湾風豆乳スープ	ヴィーガンフード（大豆ミートなど）	ワンバントースト（韓国）	その他
24.5	17.3	13.9	12.5	11.7	10.1	6.9	31.8

2023年に取り入れてみたい朝ごはん1位がオートミール

オーバーナイトオーツ

栄養バランス

火を使わず、前日に数分の準備だけでできる。

ミルク類	トッピング
・牛乳 ・豆乳	・冷凍（缶詰）フルーツ
・アーモンドミルク	・ドライフルーツ
・ヨーグルト	・ジャム ・あんこ、黒蜜

火を使わず、前日に数分の準備だけでできる

レンチン洋風朝食

レンジでできるオートミールオムライス

オムライス

マンネリ防止

レンジでできるオートミールオムライス

袋スープリゾット

マンネリ防止 栄養バランス

袋スープだけで味が簡単に決まる

出所：食の総合情報サイトぐるっぱ
アンケート名：2023年に取り入れてみたい朝ごはんは？
調査方法：インターネット調査
調査期間：2022年11月25日～11月29日
対象回答者数：1,385人

5 月
May

● 忙しいお母さんに癒しをプレゼント
　〜お父さんと子どもが食卓をプロデュース〜

● 夏を乗り切る、最強涼味！

2023 年 記念日カレンダー

月	火	水	木	金	土	日
1 メーデー	**2** ★八十八夜 ★緑茶の日 ★新茶の日	**3** 憲法記念日	**4** みどりの日 しらすの日 ラムネの日	**5** こどもの日 ★春の節分 わかめの日	**6** ★立夏 コロッケの日 ふりかけの日	**7** コナモンの日

〜 5/5　春土用
★ 〜 5/7　GW

月	火	水	木	金	土	日
8 ゴーヤーの日	**9** アイスクリームの日	**10**	**11**	**12**	**13**	**14** ★母の日 ゴールドデー （キウイフルーツ）

〜 5/12　春の遠足
5/8 〜 5/14　GW 後の節約モード

月	火	水	木	金	土	日
15 国際家族デー ヨーグルトの日 水分補給の日	**16**	**17** お茶漬けの日	**18**	**19**	**20**	**21** ★小満

5/13 〜 5/28　春の運動会
5/8 〜　夏のギフト（中元）

月	火	水	木	金	土	日
22	**23**	**24** 伊達巻の日 菌活の日	**25** 主婦休みの日	**26**	**27** 小松菜の日	**28**

5/13 〜 5/31　夏服準備

月	火	水	木	金	土	日
29 こんにゃくの日 エスニックの日	**30** アーモンドミルクの日	**31**				

★がついている記念日は年によって月日が変動
八十八夜：立春から数えて 88 日目の日、毎年 5 月 2 日ごろ
緑茶の日、新茶の日：八十八夜と同日
春の節分：立夏の前日
立夏：二十四節気の一つ。毎年 5 月 5 日ごろ
母の日：毎年 5 月第 2 日曜日
小満：二十四節気の一つ。毎年 5 月 21 日ごろ

月のポイント

1 母の日

　デザートのほか、サーモンやアボカドを使用したサラダなど、女性が好きなメニュー提案を実施する企業が多く見られる。

2 涼味商材

　GW明け以降の気温上昇に伴い、冷麦や素麺といった涼味麺、ところてんやさしみこんにゃくなどの涼味商材の需要が高まる。

年間平均に比べ5月によく食べられているメニュー※（特化度1.1以上）

主食	そうめん、コーンフレーク、冷やし中華、ざるそば、まぜご飯、冷やしうどん
汁物	－
主菜	野菜炒め、冷奴、魚介の刺身・たたき、野菜の酢の物、焼き肉、天ぷら、豚肉と野菜の中華風炒め、厚揚げ・油揚げの焼き物
副菜	ミックス野菜サラダ、プチトマト、トマト、浅漬け・一夜漬け、ぬか漬け、レタス、きゅうり、もずく・めかぶの酢の物、トマトのサラダ、その他の野菜サラダ、マカロニサラダ、薩摩揚げそのまま
菓子・デザート	アイスクリーム
飲料	－

出所：㈱ライフスケープマーケティングの食MAP®データです。
※ 2017年～2021年5月 TI値合算の上位メニューをTI値順に記載（食卓機会：朝・昼・夕、TI値：5.0以上、特化度：1.1以上）
TI値：1,000食卓あたりの出現回数。　特化度：2017年1月～2021年12月のTI値合算に対する特化度。

5月によく売れるもの 👑

分類	総合	PI値	加工食品	PI値	チルド	PI値	冷凍食品	PI値
カテゴリー	米	24,154	米	24,154	チルドドレッシング	110		
	普通卵	11,400	焼肉のたれ	2,919				
	フルーツヨーグルト	8,084	オリーブ油	2,790				
	プレーンヨーグルト	7,018	ごま油	1,868				
	ベーコン	5,216	蜂蜜	1,763				

分類	日配品	PI値	菓子	PI値	飲料	PI値	酒類	PI値
カテゴリー	普通卵	11,400	フルーツヨーグルト	8,084				
	ベーコン	5,216	プレーンヨーグルト	7,018				
	生地・皮	1,455	チーズケーキ（チルド）	1,288				
	らっきょう	1,054	スティック飴／缶キャンディ	510				
	その他プロセスチーズ注1	17	洋風焼き菓子	342				

出所：㈱KSP-SPのKSP-POS（食品スーパー）をもとに国分グループ本社で集計
抽出期間：2021年1～12月、各月で年間1位のカテゴリー（細分類）上位5カテゴリーを、大分類ごとに提示
PI値：1カ月の店舗来店者1,000人当たりの購入金額
注1：スモークチーズ、ちぎったチーズなど

5/1 〜 5/7

週のポイント！

 Key Word

GW

GWは家族が集まる機会が増え、お好み焼き粉 [2.0倍] や餃子・春巻きの皮 [2.0倍] など子どもが喜ぶメニューの材料が買われている。子どもと一緒に作るメニューを提案。

プレミアムビール

プレミアムビールの売上げが伸びる。同じく単価の高いクラフトビールに注目し、産地別やアルコール度数別等で展開して、いつもとは違う休日を演出。

簡便需要

GW後は簡便の需要が高まり、惣菜 [1.3倍] や冷凍食品の売上げが伸びる。中でも弁当用商品の売上げが良いので、日常に向けた準備を促し、購入点数アップを狙う。

5/2	緑茶の日、新茶の日
5/4	しらすの日、ラムネの日
5/5	わかめの日
5/6	コロッケの日、ふりかけの日
5/7	コナモンの日

年間52週中の支出金額順位
（　）は年間平均を1.00とした場合の指数

	内食	中食	外食	食費計
	6位	7位	7位	6位
	(1.05)	(1.11)	(1.19)	(1.08)

	平日	休日	平日	休日	平日	休日	平日	休日
	4位	41位	8位	7位	8位	27位	5位	32位

チラシテーマ
（　）は企業数：社

- GW (13)
- 母の日 (13)
- メーカーフェア (7)
- メニュー提案 (5)
- 駅弁・空弁・各地銘菓 (3)
- 春の旬 (2)

週次金額PI値上位データ
特化度1.5以上
GW、母の日

細分類	PI値	特化度
餅類（常温日配）	4,235	2.30
焼肉のたれ	2,330	1.91
冷麦・素麺（乾麺）	2,139	1.55
冷ラーメン（チルド麺）	1,546	1.88
冷凍畜産素材	1,094	1.62
その他ノンアルコール飲料	946	1.54

5/8 〜 5/14

週のポイント！

Key Word

母の日

母の日にカーネーションを贈る習慣にあわせ、「花」にちなんだメニューを提案。"感謝"の花言葉を持つ、トマトを使ったミネストローネの提案などもおすすめ。カーネーションをモチーフとした販促物やPOPは売り場を盛り上げる。

ゴーヤーの日

この週はGW明けとなり、疲労も感じやすい時期。ゴーヤーはビタミンCが豊富で、疲労回復にも効果のある食材なので、「栄養満点なゴーヤーを食べよう！」といったPOPで、ゴーヤーを使ったメニューを提案。

5/8	ゴーヤーの日
5/9	アイスクリームの日
5/14	ゴールドデー（キウイフルーツ）、母の日

年間52週中の支出金額順位
（　）は年間平均を1.00とした場合の指数

	内食	中食	外食	食費計
	50位	50位	48位	52位
	(0.94)	(0.90)	(0.84)	(0.92)

	平日	休日	平日	休日	平日	休日	平日	休日
	48位	46位	52位	41位	49位	33位	51位	47位

チラシテーマ
（　）は企業数：社

- 母の日 (7)
- 夏の旬 (6)
- 物産展・地方特集 (5)
- メーカーフェア (4)
- 5/8 ゴーヤーの日 (3)
- 果実酒、漬物 (3)

週次金額PI値上位データ
特化度1.5以上

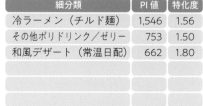

細分類	PI値	特化度
冷ラーメン（チルド麺）	1,546	1.56
その他ポリドリンク／ゼリー	753	1.50
和風デザート（常温日配）	662	1.80

☐ 5/15 〜 5/21

週のポイント！

 Key Word

涼味

気温が上昇し、本格的に涼味売り場が立ち上がる。日配の刺身蒟蒻[2.0倍]やところてん[1.5倍]、加工食品の冷麦やそうめん[1.7倍]など、さっぱりした食べ応えのある食材がよく売れる。これらを集めた「ひんやり涼味フェア」でアピール。

漬け

梅やらっきょうが旬の時期となり、氷砂糖などの砂糖二次加工品[1.5倍]が売れ始める。最近は漬ける食材や調味料の幅が広がっているため、提案食材には「漬けにおすすめ」POPをつけ、さまざまな楽しみ方を提案。

5/15
国際家族デー、
ヨーグルトの日、
水分補給の日

5/17
お茶漬けの日

年間52週中の支出金額順位
（　）は年間平均を1.00とした場合の指数

内食	中食	外食	食費計
40位	40位	43位	45位
(0.96)	(0.94)	(0.88)	(0.94)

平日	休日	平日	休日	平日	休日	平日	休日
38位	29位	45位	22位	38位	38位	41位	35位

チラシテーマ
（　）は企業数：社

 SALE!

- 夏の旬（9）
- メニュー提案（5）
- 果実酒、漬物（5）
- 物産展・地方特集（5）
- 涼味・涼麺（5）
- メーカーフェア（3）

週次金額PI値上位データ
特化度1.5以上

細分類	PI値	特化度
冷麦・素麺（乾麺）	2,139	1.55
冷ラーメン（チルド麺）	1,546	1.91
その他ポリドリンク／ゼリー	753	1.51
和風デザート（常温日配）	662	1.84
砂糖二次加工品	515	1.53

☐ 5/22 〜 5/31

週のポイント！

 Key Word

北海道フェア

この時期に北海道をテーマにしたフェアが実施されることが多い。コーヒー焼酎やザンギのたれなど地元の人に愛されるローカルでニッチな商材の品揃えもおすすめ。

糖質オフ

健康診断の受診者は6月から増えるため、食事に気を遣う人が増え始めるタイミング。パスタ、ナッツ、ビールなどカテゴリーを超えた糖質オフ商品コーナーを設置。

アーモンドミルク

アーモンドミルクは食物繊維のほか、汗と一緒に失われてしまうミネラルも豊富なため熱中症対策にもおすすめ。夏場の体調管理としても提案。

5/24
伊達巻の日、
菌活の日

5/25 主婦休みの日

5/27 小松菜の日

5/29
こんにゃくの日、
エスニックの日

5/30
アーモンドミルクの日

年間52週中の支出金額順位
（　）は年間平均を1.00とした場合の指数

内食	中食	外食	食費計
41位	34位	28位	41位
(0.96)	(0.94)	(0.94)	(0.95)

平日	休日	平日	休日	平日	休日	平日	休日
35位	37位	30位	33位	27位	23位	35位	31位

チラシテーマ
（　）は企業数：社

 **SALE!**

- 夏の旬（9）
- メニュー提案（7）
- 果実酒、漬物（7）
- 物産展・地方特集（7）
- その他（4）
- 駅弁・空弁・各地銘菓（3）

週次金額PI値上位データ
特化度1.5以上

細分類	PI値	特化度
カップゼリー	2,706	1.55
冷麦・素麺（乾麺）	2,139	2.04
冷ラーメン（チルド麺）	1,546	2.58
加工酢	1,339	1.58
ポーションゼリー	763	1.69
その他ポリドリンク／ゼリー	753	1.61

5月の企画

メイン企画
母の日

忙しいお母さんに癒しをプレゼント
～お父さんと子どもが食卓をプロデュース～

母の日のプレゼント選びについてアンケートを取ったところ、「母親の癒しにつながること」を意識する生活者が多かった。そこで、今回は「癒し」をキーワードに、お父さんと子どもがプロデュースする食卓で母親への感謝の気持ちを伝える。

プレゼントを選ぶ際に意識したこと

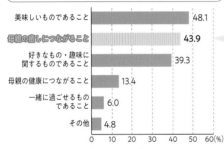

- 美味しいものであること 48.1
- 母親の癒しにつながること 43.9
- 好きなもの・趣味に関するものであること 39.3
- 母親の健康につながること 13.4
- 一緒に過ごせるものであること 6.0
- その他 4.8

(0 10 20 30 40 50 60 %)

プレゼントを選ぶ際は、「おいしいものであること」に加え、「癒しにつながること」も意識している

出所：食の総合情報サイト ぐるっぱ
アンケート名：母の日のお祝いについて
調査方法：インターネット調査
調査期間：2022年5月12日～5月18日
対象回答者数：567人（複数回答）

母の日のお母さんの夕食の希望

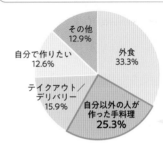

- その他 12.9%
- 外食 33.3%
- 自分で作りたい 12.6%
- テイクアウト／デリバリー 15.9%
- 自分以外の人が作った手料理 25.3%

子どもがいるお母さんにアンケートを取ったところ、夕食は自分以外の人が作った手料理が食べたいという声が4分の1

出所：食の総合情報サイト ぐるっぱ
アンケート名：春から夏の、食や暮らしに関するアンケート
調査方法：インターネット調査
調査期間：2022年11月25日～11月29日
対象回答者数：849人

提案① 「ヌン活」で癒しを贈る！

● トレンド感がありながら優雅な時間を過ごすことができる「ヌン活（アフタヌーンティー活動）」を提案。

お手軽ヌン活

市販品をケーキスタンドに並べるだけの「お手軽ヌン活」で癒やしを贈る。

ポイント
紙皿と紙コップをセロハンテープで留めるだけで簡単ケーキスタンドが完成。

- 上段：クッキー
- 中段：バウムクーヘン
- 下段：フィナンシェ・マドレーヌ

本格派アフタヌーンティー

ホテルやレストランで提供されるメニューに、簡単レシピでチャレンジ。

- 上段：ペストリー → 市販のタルトカップを使えば簡単
- 中段：スコーン → ホットケーキミックスとトースターで作る
- 下段：サンドイッチ → 切って挟むだけ 材料もシンプル

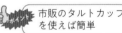
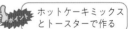

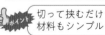

紅茶

ヌン活に合わせて紅茶でもひと工夫。

スコーンにはミルクティーが合う

アフタヌーンティーにぴったりな「紅茶」
ちょっとこだわった紅茶でヌン活を盛り上げる！

"ちょっとチャレンジ"「フルーツティー」
フルーツ缶を使えば、見た目も華やかなアレンジドリンクが簡単にできる。

フルーツに紅茶を注げばできあがり

POP例

おうちで "ヌン活"
母の日に "アフタヌーンティー" を贈ってみませんか？

提案② 行動で癒しを贈る！失敗しない簡単レシピ！

プレゼント選びに「癒しにつながること」を意識する生活者も多く、「癒し」は注目ポイント。

「前菜」で癒しを贈る

母の日の食卓に1品プラスできる、お父さんや子どもも作れる簡単レシピ。

母の日当日の食卓では、副菜として「サラダ」の登場が圧倒的に多い

ブーケサラダ

カレーライスと一緒に食卓に出現することの多いサラダも盛り付けを工夫するだけで、母の日風に！

サーモンでバラ

だし巻き卵のピンチョス

寿司と一緒に食卓に出現することの多い「厚焼き卵」を使えば簡単。

市販の「玉子焼き」を使用

「メイン」で癒しを贈る

母の日当日に「寿司」「カレーライス」はよく出ている。

"ちょっとチャレンジ"
ひと工夫で癒しを贈る

 手巻き寿司

具材を用意すれば、あとは各自で巻いて食べるだけ！火を使わないので、子どもと一緒に準備する提案もおすすめ。

ポイント かんたん酢または寿司の素を使う

 ポキ丼

ポキ丼（ハワイ流海鮮どんぶり）にすることでカフェ風のおしゃれな雰囲気になる。

ポイント 切る、味付け、のせるの3ステップ

焼カレー

有名店監修のレトルトカレーを使うことで、本格的ながらも簡単にお店の味を再現できる。

ポイント 耐熱容器にご飯やレトルトカレーなどを入れ、オーブンで焼くだけ

バターチキン風カレー

レトルトカレーにケチャップ、はちみつ、牛乳を追加すればバターチキンカレー風に。

ポイント レンジだけで簡単調理。有名店のレトルトカレーを使用

「スープ」で癒しを贈る

「味噌汁」や「コンソメ味の野菜スープ」は母の日当日の食卓でも出現が多い。

ミネストローネ

トマトの花言葉は『感謝』。母の日のスープに困ったらトマトを使ったミネストローネ！

あおさのみそ汁

ちょっとこだわって寿司屋風に。トッピングに麩を使い見た目も華やか。

POP例

HAPPY MOTHER'S DAY！
母の日にオススメ！
お父さんと子どもだけで作れる
母の日簡単メニュー
〜ミネストローネ〜
トマトの花言葉は"感謝"

「デザート」で癒しを贈る

母の日の食卓に1品プラスできる、お父さんや子どもでも作れる簡単レシピ。

フラワーケーキ

切ったロールケーキを花形に並べると母の日らしさがアップ！
〔提案商品〕ロールケーキ（チルド）、ホイップクリーム

マンゴーミルクプリン

母の日の食卓でも人気の高いプリンを提案。
〔提案商品〕マンゴー、ゼラチン、牛乳

提案③ ワインで食卓をちょっと豪華に

母の日はワイン類の特化度が高い。いつもより華やかな食事に合わせ、雰囲気を盛り上げる。

母の日にぴったりな"花"のワイン

花にちなんだワインを提案。ちょっとこだわったワインで母の日を豪華に！

花は母の日のプレゼントの定番

リンデマンズビン 65
シャルドネ白
（国分グループ本社）

ちょっとチャレンジ

簡単手作りカクテル「ミモザ」

ミモザの花言葉（イタリア）は『感謝』と意味合いも母の日にぴったり。

ワインに合う「おつまみ」特集

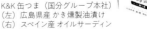

赤ワインにぴったり

K&K缶つま（国分グループ本社）
（左）国産牛すじ煮込み
（右）宮崎県産 霧島黒豚角煮

白ワインにぴったり

K&K缶つま（国分グループ本社）
（左）広島県産 かき燻製油漬け
（右）スペイン産 オイルサーディン

季節企画 涼味

夏を乗り切る、最強涼味！

気温が上昇する5月以降、各社のチラシ上では涼味関連商材の提案が大々的に行われる。ご当地ものやアレンジ、トレンドを盛り込んだ"最強"涼味を提案。涼味麺や涼味商材、さらに夏にぴったりのドリンクまで、売り場全体で涼味売り場の売上げ最大化を図る。

提案① 夏のサイドメニューを美味しくいただく

涼味麺のほか、チラシ上ではところてんやさしみこんにゃく、サラダなどのさっぱりした商材を訴求している。

涼味商材

涼味商材として、チラシ上でも提案が見られるさしみこんにゃくと、ところてんに注目。

> さしみこんにゃく×トレンド

・さしみこんにゃくのカルパッチョ
お酒にも合うヘルシーおつまみ♪

> ところてん×トレンド

・ところてんで韓国冷麺風
ところてんにキムチ、きゅうりをのせてヘルシーに！

ひんやりデザート

ゼリーは気温が上昇する5月から8月にかけてよく食べられている。簡単なアレンジで楽しむ提案を強化。

> ひんやりデザート×健康アレンジ

（簡単 アレンジ派）

・ゼリーとミックスフルーツ缶で果肉感をプラス
ゼリーにフルーツ缶を贅沢に乗せて！

（簡単！だけど少し凝りたい派）

・材料3つ！牛乳寒天アレンジ
牛乳、みかんの缶詰、粉寒天だけで作る簡単デザート。

サラダ

サラダ需要の高まるこの時期に合わせて提案を強化。

> サラダは気温が上昇する5月から6月にかけてよく食べられる

・栄養たっぷり！夏にぴったり！
あさりの中華風サラダ
栄養たっぷりなあさりを缶詰で手軽に！

K&K あさり水煮
（国分グループ本社）

・プラントベースミートで作るパワーサラダ
話題のプラントベースミートを活用、暑さを乗り切るサラダにアレンジ。

（POP例）

当店おすすめ プラントベースミートで作る **元気モリモリ パワーサラダ**

植物性原料でも食べ応え抜群！缶詰でラクラク、下ごしらえ不要！

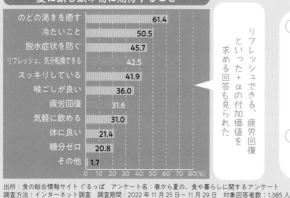

K&K プラントベースミート（国分グループ本社）

提案② 夏にぴったり！ドリンクのススメ

気温が上昇する時期は、スポーツドリンクや麦茶に加え、甘酒やビネガードリンクもよく飲まれるようになる。

夏に飲む飲み物に期待すること

項目	(%)
のどの渇きを癒す	61.4
冷たいこと	50.5
脱水症状を防ぐ	45.7
リフレッシュ、気分転換できる	42.5
スッキリしている	41.9
喉ごしが良い	36.0
疲労回復	31.6
気軽に飲める	31.0
体に良い	21.4
糖分ゼロ	20.8
その他	1.7

リフレッシュできる、疲労回復といった+αの付加価値を求める回答も見られた

> 甘酒アレンジ

（ひと手間でさらに美味しく！）

・さっぱりレモン甘酒
栄養たっぷりの甘酒は夏バテ対策にも！

・フローズン甘酒ヨーグルト
おうち時間に子どもと挑戦。

クリエイト甘酒
大地の甘酒
（国分グループ本社）

> ビネガードリンクアレンジ

・リンゴ酢はちみつソーダ
疲労回復も期待できるビネガードリンク。

出所：食の総合情報サイト ぐるっぱ アンケート名：春から夏の、食や暮らしに関するアンケート
調査方法：インターネット調査 調査期間：2022年11月25日～11月29日 対象回答者数：1,385人

提案③ ご当地も！トレンドも！ひんやり涼味麺

涼味麺の中で、そうめんや冷やし中華、うどんが人気。
チラシ上で大々的にアレンジを訴求。

そうめん

ご当地商材をエンドにて集合展開。地図を用いる
イメージでPOPを作成し、涼味麺売り場を活性化。

~ご当地そうめん集めました~

兵庫県：播州素麺
モチモチとした食感に
小麦本来の味わい

富山県：大門素麺
丸みのある舌触りと
強いコシ

香川県：小豆島素麺
麺を伸ばす際に同じく
特産の純正ごま油を使用、
香りが特徴

宮城県：白石温麺
油を使わない、
長さ9cmの
日本一短い素麺

奈良県：三輪素麺
強いコシだからこそ
作ることができる極細麺

長崎県：島原素麺
噛むと跳ね返ってくる
ような弾力

徳島県：半田素麺
モチモチ食感につるっとした
喉ごしの太い麺

そうめん×健康アレンジ

健康を軸にした商品展開とアレンジ提案。
POPを用いて健康志向の消費者を呼び込む。

・**焼きさばそうめん**
　さばの缶詰をのせるだけで簡単アレンジ。

・**ネバトロそうめん**
　オクラ、納豆、とろろなどネバネバ食材を
　トッピング。

・**まろやか豆乳そうめん**
　豆乳と鶏がらスープを加えて簡単！

冷やし中華

冷やし中華は気温が上昇する梅雨明け以降
売上げが伸びるため、販売を強化。

冷やし中華×健康

健康志向が高まる中、おすすめの
商品をピックアップ。

・**カニカマ**
冷やし中華のトッピングとし
てたんぱく質豊富なカニカマ
を訴求。

手軽に
たんぱく
質を補給

冷やし中華×健康アレンジ

・**パクチーで簡単エスニック風**
パクチーは美肌に保つβカロテンが豊富！
　→チューブ入りパクチーとクロス展開し、
　　簡単アレンジとして訴求

・**納豆冷やし中華**
納豆を加えるだけでガラッとチェンジ
　→POPとともに納豆アレンジを訴求

・**旨辛冷やし中華**
キムチに含まれる乳酸菌は
免疫力UPが期待
　→キムチを入れる旨辛アレ
　　ンジ、焼肉のたれや酢な
　　ど関連商品と打ち出し

POP例

冷やし中華 始めました！

冷やしうどん

ご当地商材をエンドにて集合展開。
POPで乾麺売り場の活性化を図る。

~ご当地うどん集めました~

秋田県：稲庭うどん
平らな細麺で、
しっかりしたコシと喉ごし

富山県：氷見うどん
強いコシと粘り、
モチモチした弾力性

岡山県：かも川うどん
手延べ製法でつきたての
お餅のようなしっかりした弾力

群馬県：水沢うどん
もちもちとした
力強いコシと打ち立て
の喉ごし

茨城県：手緒里うどん
光沢のあるコシの強い
風味豊かなうどん

山梨県：ほうとう
きしめんのような平らな麺、
もちもちした食感

長崎県：五島うどん
細いながらもっちりとした
独特のコシと喉ごし

香川県：讃岐うどん
なめらかさと喉ごしの良さ

冷やしラーメン　国分のだし麺

そうめんや冷や麦でマンネリしがちな乾麺
売り場の活性化を図る。だし麺は、国産素
材にこだわった「だし」のうまみが効いた
味わいが特徴。冷やしても美味しい。

高知県産の
ゆず皮使用

tabete だし麺
高知県産柚子だし
塩らーめん
（国分グループ本社）

千葉県産の
はまぐりを使用

tabete だし麺
千葉県産はまぐりだし
塩らーめん
（国分グループ本社）

三重県産の
真鯛の頭を使用

tabete だし麺
三重県産真鯛だし
塩らーめん
（国分グループ本社）

6月 *June*

- ●パパがニッコリ、家族もニッコリ
- ●梅雨バテはアジア料理で乗り切ろう

2023年 記念日カレンダー

月	火	水	木	金	土	日
			1 麦茶の日 防災用品点検の日 牛乳の日	**2** オムレツの日 イタリアワインの日	**3** あじの日	**4** 蒸しパンの日 蒸し料理の日 蒸し豆の日

夏のギフト（中元）

月	火	水	木	金	土	日
5	**6** 梅の日 らっきょうの日 ロールケーキの日	**7**	**8**	**9**	**10** てっぱん団らんの日 ローストビーフの日 ミルクキャラメルの日	**11** ★入梅 梅酒の日

6/5〜6/16　プール開き

月	火	水	木	金	土	日
12	**13**	**14**	**15** 生姜の日	**16** 麦とろの日 和菓子の日	**17**	**18** ★父の日 おにぎりの日 ★さくらんぼの日

6/12〜　夏のボーナス

月	火	水	木	金	土	日
19	**20** ペパーミントデー	**21** ★夏至 スナックの日 エビフライの日	**22** 旧暦の端午の節句	**23** オリンピックデー	**24**	**25**

月	火	水	木	金	土	日
26	**27** ちらし寿司の日	**28**	**29** 佃煮の日	**30** うちエコ！ごはんの日 夏越ごはんの日 （なごし）		

★がついている記念日は年によって月日が変動
入梅：芒種から数えて6日目ごろ
父の日：毎年6月第3日曜日
さくらんぼの日：毎年6月第3日曜日
夏至：二十四節気の一つ。毎年6月21日ごろ

月のポイント

1 父の日

コロナ禍で、家族で過ごす時間が増え家飲み需要が伸長した。父の日は、お父さんの好きなお酒とトレンドのニンニクやスパイスを効かせたボリューム感のあるメニューを提案したい。

2 本格的な梅シーズン

健康意識の高まりから梅の効能に注目が集まっている。

年間平均に比べ6月によく食べられているメニュー※（特化度1.1以上）

主食	その他のシリアル、そうめん、冷やし中華、コーンフレーク、冷やしうどん、ざるそば、あわ・ひえご飯
汁物	—
主菜	冷奴、その他の野菜の和風和え物、野菜の酢の物、豚肉と野菜の和風炒め、蒸しとうもろこし、肉じゃが、チキンソテー、鶏肉の照り焼き、豚肉と野菜の中華風炒め
副菜	ミックス野菜サラダ、トマト、プチトマト、ぬか漬け、浅漬け・一夜漬け、きゅうり、茹で枝豆、レタス、もずく・めかぶの酢の物、トマトのサラダ、その他の単品の野菜ソテー
菓子・デザート	アイスクリーム
飲料	アイスコーヒー、豆乳、炭酸水、アイスティー、自家製ジュース、ノンアルコールビール、ジャスミン茶、酢（飲用）

出所：㈱ライフスケープマーケティングの食MAP®データです。
※ 2017年〜2021年6月 TI値合算の上位メニューを TI値順に記載（食卓機会：朝・昼・夕、TI値：5.0以上、特化度：1.1以上）
TI値：1,000食卓あたりの出現回数。 特化度：2017年1月〜2021年12月の TI値合算に対する特化度。

6月によく売れるもの 👑

分類	総合	PI値	加工食品	PI値	チルド	PI値	冷凍食品	PI値
カテゴリー	国産連続式焼酎	5,804	中華料理の素	4,187			冷凍農産加工品注2	32
	中華料理の素	4,187	海藻類	3,204				
	海藻類	3,204	シリアル大人向け	2,681				
	果汁・野菜ミックス飲料	2,886	加工酢	2,168				
	シリアル大人向け	2,681	砂糖二次加工品注1	1,946				

分類	日配品	PI値	菓子	PI値	飲料	PI値	酒類	PI値
カテゴリー	蒟蒻関連品	652	小箱・小袋ビス／クッキー	720	果汁・野菜ミックス飲料	2,886	国産連続式焼酎	5,804
	刺身蒟蒻	383			加工乳	2,122	国産ブランデー	275
	ゆば	152			チルド果実・野菜ミックスジュース	978	ウォッカ	84
					ティーバッグウーロン茶	151		

出所：㈱KSP-SP の KSP-POS（食品スーパー）をもとに国分グループ本社で集計
抽出期間：2021年1〜12月、各月で年間1位のカテゴリー（細分類）上位5カテゴリーを、大分類ごとに提示
PI値：1カ月の店舗来店者1,000人当たりの購入金額
注1：主に氷砂糖　注2：粉末の青汁、タピオカミルクティーの素など

6/1 〜 6/11

週のポイント!

- 6/1 麦茶の日、牛乳の日、防災用品点検の日
- 6/2 オムレツの日、イタリアワインの日
- 6/3 あじの日
- 6/4 蒸しパンの日
- 6/6 らっきょうの日、梅の日
- 6/10 てっぱん団らんの日、ローストビーフの日

Key Word

イタリアワイン

6月2日のイタリアワインの日に絡めて、イタリアワインとイタリア料理を打ち出し。人気メニューのピザやパスタにおすすめのワインを紹介し、同時購買を促す。

梅の日

6月6日の梅の日、11日の梅酒の日に絡めて、梅の売り場づくりを強化。疲労回復の効果が期待できる梅干[1.1倍]に注目が集まっており、家庭で梅干を作る人も増加している。

ローストビーフ

梅雨が始まり体に不調が出やすいこの時期を乗り切るべく、6月10日のローストビーフの日に合わせてスタミナをつけるローストビーフを打ち出す。

年間52週中の支出金額順位
（　）は年間平均を1.00とした場合の指数

	内食	中食	外食	食費計
	23位	36位	48位	44位
	(0.99)	(0.95)	(0.74)	(0.95)

平日	休日	平日	休日	平日	休日	平日	休日
20位	33位	37位	21位	47位	40位	34位	41位

チラシテーマ
（　）は企業数：社

- ・夏の旬（10）
- ・物産展・地方特集（7）
- ・メーカーフェア（6）
- ・メニュー提案（6）
- ・果実酒、漬物（6）
- ・涼味・涼麺（4）

週次金額PI値上位データ
特化度1.5以上

細分類	PI値	特化度
国産連続式焼酎	3,925	1.53
冷麦・素麺（乾麺）	2,139	1.65
冷ラーメン（チルド麺）	1,546	1.91
加工酢	1,339	1.62
ポーションゼリー	763	1.55
その他ポリドリンク／ゼリー	753	1.56

6/12 〜 6/18

週のポイント!

- 6/15 生姜の日
- 6/16 麦とろの日、和菓子の日
- 6/18 おにぎりの日、さくらんぼの日、父の日

Key Word

父の日

父の日に向けて、国産ウイスキー[1.2倍]、スコッチ[1.2倍]が年末に次いで売れる。甘い香り、スモーキーなど、味の特徴を紹介するほか、高品質なお酒の提案も一案。

父の日のごちそう

焼肉のたれ[1.2倍]の売上げがこの週伸長する。部位ごとに食べ方を紹介したり、有名外食店のたれを提案して家の焼肉を楽しむ提案を行う。

中華料理の素

この時期、酢豚や八宝菜などのチルド中華料理の素[1.2倍]がよく売れる。生活者の買い物頻度が減ると予想される梅雨の間、簡便品を打ち出すのも一案。

年間52週中の支出金額順位
（　）は年間平均を1.00とした場合の指数

	内食	中食	外食	食費計
	11位	20位	34位	20位
	(1.01)	(1.00)	(0.89)	(1.00)

平日	休日	平日	休日	平日	休日	平日	休日
22位	4位	45位	2位	43位	21位	31位	6位

チラシテーマ
（　）は企業数：社

- ・父の日（17）
- ・夏の旬（9）
- ・涼味・涼麺（6）
- ・メーカーフェア（4）
- ・果実酒、漬物（4）
- ・物産展・地方特集（4）

週次金額PI値上位データ
特化度1.5以上
父の日

細分類	PI値	特化度
国産連続式焼酎	3,925	1.50
カップゼリー	2,706	1.56
冷麦・素麺（乾麺）	2,139	1.94
冷ラーメン（チルド麺）	1,546	2.25
加工酢	1,339	1.55
ポーションゼリー	763	1.53

6/19 ～ 6/25

**週の
ポイント！**

6/20
ペパーミントデー

6/21
スナックの日、
エビフライの日

6/23
オリンピックデー

 Key Word

(カレー)

　気温が高くなるこの時期に合わせてカレーの提案を強化。家庭でも本格的な外食店の味を楽しめるバターチキンカレーやキーマカレーなど定番以外のカレーも露出も高め、売り場を活性化。また、ブイヨンペーストなどのカレー調味料やスパイスもプラスアルファの一品として提案し、買上点数アップ。

(お中元ギフト)

　お中元ギフトの立ち上がりの時期。翌週からのボーナス支給日に向けて、しっかりと売り場を構築する。ビールギフト［2.2倍］や、近年人気が高まっている栗入り洋菓子、フルーツの詰め合わせなどの品揃えを強化する。

年間52週中の支出金額順位
（　）は年間平均を1.00とした場合の指数

内食	中食	外食	食費計
25位	33位	27位	26位
(0.98)	(0.96)	(0.97)	(0.98)

平日	休日	平日	休日	平日	休日	平日	休日
27位	23位	32位	15位	28位	22位	28位	15位

チラシテーマ
（　）は企業数：社

 SALE!

・夏の旬（10）
・駅弁・空弁・各地銘菓（7）
・物産展・地方特集（7）
・メーカーフェア（6）
・メニュー提案（5）
・涼味・涼麺（4）

週次金額PI値上位データ
特化度1.5以上

細分類	PI値	特化度
ホームアイスマルチ	9,383	1.57
パーソナルアイスカップ	3,990	1.77
スポーツドリンク	3,703	1.68
カップゼリー	2,706	1.70
冷麦・素麺（乾麺）	2,139	2.79
冷ラーメン（チルド麺）	1,546	3.35

6/26 ～ 6/30

**週の
ポイント！**

6/27
ちらし寿司の日

6/29　佃煮の日

6/30　うちエコ！
ごはんの日、
夏越ごはんの日
（なごし）

 Key Word

(涼　味)

　気温が上がる時期であることに加え、梅雨のジメジメした気候からさっぱりとした涼味の需要がいっそう高まる。ところてんやカップゼリーなどの品揃えを強化。

(フルーツ缶詰)

　夏の果物が出回る前は、ピン缶詰のみかん［1.4倍］やパインアップル［1.3倍］などがよく売れる。フレーバー豊富なチューハイと組み合わせ大人のフルーツポンチを夏のデザートに。

(スタミナ料理)

　梅雨は1年の中でも体調不良が起こりやすい時期。不調を乗り切るスタミナレシピとして、とろろ昆布を用いたネバネバサラダやガーリック料理などの提案がおすすめ。

年間52週中の支出金額順位
（　）は年間平均を1.00とした場合の指数

内食	中食	外食	食費計
36位	35位	35位	38位
(0.98)	(0.95)	(0.89)	(0.96)

平日	休日	平日	休日	平日	休日	平日	休日
37位	12位	36位	19位	36位	31位	39位	14位

チラシテーマ
（　）は企業数：社

SALE!

・7/2 半夏生（15）
・夏の旬（7）
・メニュー提案（6）
・物産展・地方特集（6）
・メーカーフェア（5）
・7/7 七夕（5）

週次金額PI値上位データ
特化度1.5以上
半夏生

細分類	PI値	特化度
カップゼリー	2,706	1.51
冷麦・素麺（乾麺）	2,139	2.39
冷ラーメン（チルド麺）	1,546	2.60
ぬか・漬物用材	1,487	1.74
ビールギフト	1,266	2.55
水ようかん・ゼリーギフト	869	2.23

6月の企画

メイン企画 父の日

パパがニッコリ、家族もニッコリ

母の日と比較して「控え目になりがち」な父の日を、「家族の大切さを見直す」日と位置づけ、父親が喜ぶメニューやお酒、スイーツに、トレンド要素を絡めて、家族の会話が弾み、団らんのきっかけとなる提案を行う。

父の日のお祝い

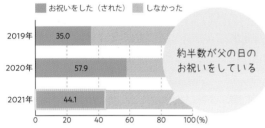

凡例: ■ お祝いをした（された） □ しなかった

- 2019年 35.0
- 2020年 57.9
- 2021年 44.1

（吹き出し）約半数が父の日のお祝いをしている

出所：食の総合情報サイトぐるっぱ
アンケート名：今年の父の日のお祝いについて
調査方法：インターネット調査
調査期間（対象回答者数）：
　2019年6月17日～6月30日（1,631人）
　2020年6月22日～6月29日（1,772人）
　2021年6月23日～6月29日（1,658人）

父の日に関する父親の悩み

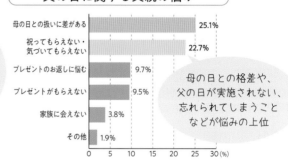

- 母の日との扱いに差がある 25.1%
- 祝ってもらえない・気づいてもらえない 22.7%
- プレゼントのお返しに悩む 9.7%
- プレゼントがもらえない 9.5%
- 家族に会えない 3.8%
- その他 1.9%

（吹き出し）母の日との格差や、父の日が実施されない、忘れられてしまうことなどが悩みの上位

出所：食の総合情報サイトぐるっぱ
アンケート名：父の日の悩みについて
調査方法：インターネット調査
調査期間：2021年3月18日～3月25日
対象回答者数：423人（父の日に悩みがある父親）（複数回答）

提案① ウイスキー＋缶謝のおつまみでパパニッコリ

● ウイスキーは、年末に次いで父の日週によく買われており、市場も拡大している。

ウイスキー週別PI値

順位	年週（2021年）	イベント	金額PI値
1	12/27	年末	8,574
2	6/14	父の日	7,633
3	12/13	年末	7,131
4	12/20	年末	7,086
5	4/26	GW	6,375

（吹き出し）父の日週は年末年始に次いで、年間で2番目にウイスキーの需要が高い

出所：㈱KSP-SPのKSP-POS（食品スーパー）を基に国分グループ本社で集計
抽出期間：2021年1月4日～2022年1月2日週次
金額PI値が高い週を上位5位まで掲載。

ウイスキー年別PI値

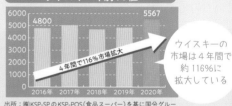

- 2016年 4800
- 2020年 5567

4年間で116%市場拡大

（吹き出し）ウイスキーの市場は4年間で約116%に拡大している

出所：㈱KSP-SPのKSP-POS（食品スーパー）を基に国分グループ本社で集計
抽出期間：2016～2020年

おすすめウイスキー

国分おすすめのウイスキーを紹介。

ポール・ジョンニルヴァーナ（国分グループ本社）
トマーティンレガシー（国分グループ本社）

ハチミツのような甘さと芳醇なバニラのニュアンス。

オーク樽由来の甘く力強い香りと軽やかでデリケートな味わい。

缶謝の缶つま

感謝にかけて缶のおつまみをお酒とセットで。
ウイスキーと相性の良い燻製のおつまみ缶を紹介。

缶つまスモークシリーズ 売れ筋ランキング

順位	商品名称
1	缶つまスモーク鮭ハラス
2	缶つまスモークかき
3	缶つまスモーク貝柱
4	缶つまスモークうずら卵
5	缶つまスモークあさり
6	缶つまスモークたこ
7	缶つまスモークさば

出所：国分グループ本社調べ

1位 缶つまスモーク鮭ハラス（国分グループ本社）

2位 缶つまスモークかき（国分グループ本社）

3位 缶つまスモーク貝柱（国分グループ本社）

提案② 人気の○○でパパニッコリ

20～50代男性は肉派が約7～8割と、魚よりも肉を好む人が多く、焼肉やステーキなどボリュームのあるごちそうが好まれている。

Wで好き！肉×ニンニク

コロナ禍では、外出自粛で人に合う機会が減ったり、マスク着用やテレワークが定着したことから臭いを気にする人が減り、ニンニクに注目が集まった。

ステーキ

父の日のごちそうとして伸長しているステーキをニンニク味でがっつり楽しむ。

> ステーキと一緒にガーリックライスも

唐揚げ

ニンニクのソースやパウダーで"ニンニクマシマシ"に。

> ニンニク味でお父さんを応援！

ソースにプラス

コチュジャン、ニンニク、はちみつを混ぜるとヤンニョムソースができる。同量のマヨネーズを混ぜるとパンチの効いたソースに！

ふりかけてプラス

ガーリック、唐辛子、ブラックペッパーを混ぜてふりかければ、ピリ辛でお酒に合う。

おつまみ×チーズ

コロナ禍で拡大した"家飲み"に、おつまみ人気No.1＆トレンドのチーズを絡める。

缶詰×チーズ

コロナ禍の備蓄需要などで注目された缶詰。缶とチーズだけで作ることのできる"缶"単おつまみを提案。

クリームチーズ×サバ缶
＝リエット

もっと缶たん！
チーズ入りおつまみ缶
（チーズとかきのアヒージョ）
（国分グループ本社）

とろけるチーズ×焼鳥缶
＝チーズタッカルビ風
（めいっぱい焼鳥 たれ味）
（国分グループ本社）

和の発酵食品×チーズ

チーズと漬物、味噌、醤油などの発酵食品と組み合わせ、日本酒のおいしさを引き立てるおつまみを提案。
〔メニュー例〕
プロセスチーズの味噌漬け
サイコロ状に切ったチーズを味噌＋みりんに漬ける
モッツァレラチーズの醤油漬け
モッツァレラチーズを醤油＋みりんのタレに漬ける

簡単おつまみ"コマネチ"

コマネチといえば五輪金メダリストのルーマニア元体操選手で、コマネチポーズがお父さんにおなじみ。あの「コマネチ」が外食のおつまみメニューとして登場。

提案③ 実は欠かせない?! スイーツでパパニッコリ

スイーツが好きな男性は6割以上。好きなスイーツでは、シュークリーム、ロールケーキが上位にあがっている。

スイーツを好きな男性は6割越え

嫌い、その他 9.1%
非常に好き 29.1%
どちらかといえば好き 25.8%
好き 36.1%
65.2%

約65%はスイーツが好き

出所：食の総合情報サイト ぐるっぱ
アンケート名：スイーツは好きですか
調査方法：インターネット調査
調査期間：2022年11月25日～11月29日
対象回答者数：563人

男性が好きなスイーツランキング

	(%)
シュークリーム	66.4
ロールケーキ	51.3
プリン	46.9
和スイーツ	43.2
エクレア	37.5
その他	13.1

出所：食の総合情報サイト ぐるっぱ
アンケート名：好きなスイーツは何ですか
調査方法：インターネット調査
調査期間：2022年11月25日～11月29日
対象回答者数：563人

シュークリーム

男性の好きなスイーツ NO.1

市販のプチシューを使った、食卓を盛り上げるスイーツを提案。

食卓が盛り上がること、間違いなし！

 Good!
プチシューにチョコレート、フリーズドライのイチゴなどをトッピングするとたこ焼きみたいなシュークリームが完成！

ロールケーキ

男性の好きなスイーツ NO.2

市販のロールケーキを使ったアレンジを提案。

 Good!
市販のロールケーキでドームケーキに！

Good!
ホットケーキミックスで作るロールケーキ

梅雨バテは
アジア料理で乗り切ろう

季節企画 梅雨バテ

梅雨の時期は、半数以上の人が体調不良を感じており、梅雨バテと呼ばれている。梅雨バテが引き起こす食欲不振解決のため、食欲増進効果が期待できる「酸味」「香辛料」「香味野菜」の3要素を含み、トレンドにもなっているアジア料理に注目。

梅雨時期の体調不良

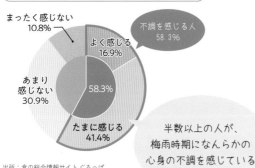

まったく感じない 10.8%
不調を感じる人 58.3%
よく感じる 16.9%
あまり感じない 30.9%
58.3%
たまに感じる 41.4%

半数以上の人が、梅雨時期になんらかの心身の不調を感じている

出所：食の総合情報サイトぐるっぱ
アンケート名：梅雨時期に体調不良を感じますか
調査方法：インターネット調査
調査期間：2022年11月25日～11月29日
対象回答者数：1,385人

主要アジア料理の検索ユーザ数

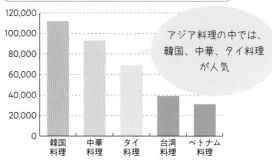

アジア料理の中では、韓国、中華、タイ料理が人気

韓国料理　中華料理　タイ料理　台湾料理　ベトナム料理

出所：㈱ヴァリューズ分析ツール「Dockpit」の分析に基づく
注　：2021年9月検索ユーザ数。

提案① 中華料理で乗り切る

● 比較的身近な中華料理の人気メニューを梅雨バテに合わせて提案することで、売上げアップに期待。

中華料理で好きなメニュー

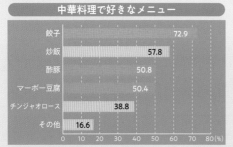

餃子　72.9
炒飯　57.8
酢豚　50.8
マーボー豆腐　50.4
チンジャオロース　38.8
その他　16.6

出所：食の総合情報サイトぐるっぱ
アンケート名：中華料理で好きなメニューは何ですか
調査方法：インターネット調査
調査期間：2022年11月25日～11月29日
対象回答者数：1,385人

香味野菜

手作り & 即食 提案

POP例

餃子

にら、にんにく、しょうが3つの香味野菜を使った餃子は、梅雨バテにぴったりのメニュー。

梅雨バテを
餃子のトリプル
（にら・にんにく・しょうが）
パワーで
吹き飛ばそう！

香辛料

麻婆豆腐

麻婆豆腐、レシピの2つのキーワードをかけ合わせた検索ユーザー数は6月がピーク。

↓

麻婆豆腐に使われる
唐辛子のカプサイシンは、消化促進や食欲増進が期待される

トレンドの大豆ミートを使っても

手作り & 即食 提案

酸味

酢豚

疲労軽減効果が期待できるアミノ酸を含む黒酢を使った酢豚を提案。

生鮮、冷凍、チルド、常温＋惣菜と商品が並ぶ各売り場でPOPを掲示

手作り & 即食 提案

「酢豚　レシピ」で検索するユーザー数は、5～6月がピーク

提案② 韓国料理で乗り切る

韓流ドラマや K-POP などのコンテンツに触れる機会が増加し（第4次韓流ブーム）、食でも韓国料理への関心が高まっている。

好きな韓国料理

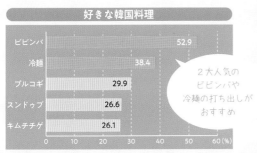

- ビビンバ 52.9
- 冷麺 38.4
- プルコギ 29.9
- スンドゥブ 26.6
- キムチチゲ 26.1

（0〜60%）

2大人気のビビンバや冷麺の打ち出しがおすすめ

出所：食の総合情報サイト ぐるっぱ
アンケート名：アジアン・エスニック料理に関するアンケート
調査方法：インターネット調査
調査期間：2021年7月5日〜7月11日
対象回答者数：1,871人（上位5位）

参鶏湯（サムゲタン） 香味野菜

漢方として使われている食材も含まれ、梅雨バテにおすすめ。

「韓国料理」検索関連ワードランキング

順位	メニュー名
1	**サムゲタン**
2	トッポギ
3	キンパ
4	サムギョプサル
5	チャプチェ

出所：㈱ヴァリューズ 分析ツール「Dockpit」の分析に基づく
注 ：メニューのみ抽出。

代表的な韓国料理としてイメージされている

ビビンバ 香辛料

レンジを使ったナムルの簡単レシピなどを紹介し、手作り提案を中心に展開。

手作り提案 & 即食

香辛料である唐辛子（コチュジャン）を使ったビビンバは、比較的手作りしやすいメニュー。

手作り提案 & 即食

煮込む時間がかかるため、時短でできる料理の素や即食商品といった手軽に楽しめる商品を中心に品揃え。

酢を使った料理の冷麺と、トレンドの飲用酢を紹介し、さっぱり乗り切る提案を行う。

冷麺 酸味

手作り提案 & 即食

さっぱりとした酸味が味覚や嗅覚を刺激し、唾液や胃液の分泌を促して食欲を増進。

飲用酢 酸味

手作り提案 & 即食

梅雨バテ対策の飲み物として、さっぱり飲める炭酸割がおすすめ。

提案③ タイ料理で乗り切る

タイ料理ではさまざまなメニューが支持され、梅雨の時期には、チラシで大きく取り上げられている。

好きなタイ料理

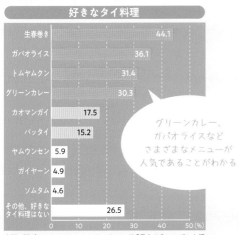

- 生春巻き 44.1
- ガパオライス 36.1
- トムヤムクン 31.4
- グリーンカレー 30.3
- カオマンガイ 17.5
- パッタイ 15.2
- ヤムウンセン 5.9
- ガイヤーン 4.9
- ソムタム 4.6
- その他、好きなタイ料理はない 26.5

（0〜50%）

グリーンカレー、ガパオライスなどさまざまなメニューが人気であることがわかる

出所：㈱プラスアルファ・コンサルティング「見える化エンジン」瞬速リサーチ情報の自社集計
調査期間：2022年12月1日〜12月2日
対象回答者数：742人

ガパオライス 香味野菜

香味野菜のバジルやにんにくを使うガパオライスは、タイ料理の中でも人気が高く商品数も豊富なため、打ち出しのチャンス。

POP例
梅雨バテを **ガパオライスの バジル** パワーで 吹き飛ばそう！

トムヤムクン 酸味

グリーンカレー 香辛料

酸味の効いたトムヤムクンや唐辛子を使うグリーンカレーは、野菜とたんぱく質が摂れるので、栄養バランスの面でも梅雨バテにおすすめ。

 **月**

July

● 大暑＆丑の日〜スタミナ祭り〜
● 夏休みの救世主！簡単ランチで神サマー

2023年 記念日カレンダー

月	火	水	木	金	土	日
					1 山開き・海開き 国際協同組合デー	**2** ★半夏生 タコの日 うどんの日
					夏のギフト（中元）	
3 ソフトクリームの日 七味の日	**4**	**5** 穴子の日	**6** サラダ記念日	**7** 七夕、 乾麺の日(そうめんの日) カルピスの日 笹かまの日 冷やし中華の日	**8**	**9**
〜 7/7　夏のボーナス						
10 納豆の日	**11**	**12**	**13** もつ焼の日	**14** ゼリーの日 ゼラチンの日	**15** マンゴーの日	**16** 駅弁記念日
			7/13〜7/15　新盆			
17 ★海の日	**18**	**19** やまなし桃の日	**20** ハンバーガーの日	**21**	**22** ナッツの日	**23** ★大暑 天ぷらの日
			★ 7/20〜　夏土用			
24 地蔵盆	**25** かき氷の日	**26**	**27** スイカの日	**28** 菜っ葉の日	**29** 白だしの日	**30** 梅干しの日 ★夏土用丑の日
			7/22〜　夏休み			
31						

★がついている記念日は年によって月日が変動
半夏生：夏至から数えて11日目。毎年7月2日ごろ
大暑：二十四節気の一つ。毎年7月23日ごろ
夏土用：立秋の前の18日間
海の日：毎年7月第3月曜日
夏土用丑の日：丑の日は十二支の「丑」にあたる日。
　　　　　　　土用期間中の丑の日を「夏土用の丑の日」と呼ぶ

月のポイント

1 大暑＆丑の日

土用の丑の日は一年でいちばん暑いとされる大暑のあたりであることから、暑さを吹き飛ばすスタミナメニューが望まれる。

2 夏休みのランチ

夏休みの昼食を作る母親の多くは「簡便」「時短」「節約」に対する悩みを抱えている。

年間平均に比べ7月によく食べられているメニュー※（特化度1.1以上）

主食	その他のシリアル、そうめん、サンドイッチ、冷やし中華、コーンフレーク、ざるそば、冷やしうどん、うな丼・うな重・うな玉丼
汁物	－
主菜	冷奴、蒸しとうもろこし、その他の野菜の和風和え物、豚肉と野菜の和風炒め、野菜の酢の物、焼き肉、天ぷら、焼き鳥、ハムエッグ、ゴーヤチャンプル、豚肉の冷しゃぶ
副菜	トマト、プチトマト、茹で枝豆、浅漬け・一夜漬け、ぬか漬け、きゅうり、レタス、その他の単品の茹で野菜、もずく・めかぶの酢の物、梅干し、トマトのサラダ、味付け海苔、きゅうりのサラダ、薩摩揚げそのまま、らっきょう
菓子・デザート	アイスクリーム、フルーツゼリー
飲料	麦茶、アイスコーヒー、100％果汁飲料、炭酸水、炭酸飲料（サイダー等）、アイスティー、スポーツ・栄養ドリンク、自家製ジュース、トマトジュース、ノンアルコールビール、コーラ、乳酸飲料・希釈飲料、ジャスミン茶、酢（飲用）、100％未満の果汁飲料

出所：㈱ライフスケープマーケティングの食MAP®データです。
※ 2017年～2021年7月 TI値合算の上位メニューをTI値順に記載（食卓機会：朝・昼・夕、TI値：5.0以上、特化度：1.1以上）
TI値：1,000食卓あたりの出現回数。　特化度：2017年1月～2021年12月のTI値合算に対する特化度。

7月によく売れるもの 👑

分類	総合	PI値	加工食品	PI値	チルド	PI値	冷凍食品	PI値
カテゴリー	ビアテイスト（リキュール）	18,402	冷麦・素麺（乾麺）	6,475	ラーメン（チルド麺）	7,938		
	炭酸飲料	16,361	魚類味付加工品	3,371	その他チルド麺注2	1,073		
	ホームアイスマルチ	15,367	ぬか・漬物用材	2,378				
	コーヒー飲料	12,136	そば・うどん・つゆ	2,024				
	緑茶飲料	10,740	その他たれ注1	1,743				

分類	日配品	PI値	菓子	PI値	飲料	PI値	酒類	PI値
カテゴリー	かに風味蒲鉾	3,527	ホームアイスマルチ	15,367	炭酸飲料	16,361	ビアテイスト（リキュール）	18,402
	麺類惣菜	3,421	パーソナルアイスカップ	7,506	コーヒー飲料	12,136	S低アルコール・チューハイ	9,447
	梅干	2,722	パーソナルアイスファンシー	5,088	緑茶飲料	10,740		
	ところてん	1,280	カップゼリー	4,399	国産ミネラルウォーター	8,251		
	笹かまぼこ	653	ゼリー（チルド）	2,218	スポーツドリンク	7,508		

出所：㈱KSP-SPのKSP-POS（食品スーパー）をもとに国分グループ本社で集計
抽出期間：2021年1～12月、各月で年間1位のカテゴリー（細分類）上位5カテゴリーを、大分類ごとに提示
PI値：1カ月の店舗来店者1,000人当たりの購入金額
注1：蒲焼のたれ、生姜焼きのたれなど　注2：主に冷麺

週のポイント！

7/2　タコの日、うどんの日
7/3　ソフトクリームの日、七味の日
7/5　穴子の日
7/6　サラダ記念日
7/7　七夕、カルピスの日、笹かまの日、冷やし中華の日、乾麺の日

Key Word

半夏生（はんげしょう）

毎年、7月2日頃は半夏生。豊作を祈って食べる風習があるたこは「多幸」とも書け、タコは縁起のいい食材とされている。たこ焼きなどのたこを使ったメニューを打ち出し。

そうめんの日

そうめんの日の7月7日は、七夕にちなんで星型にかたどった食材のトッピングと天の川をイメージした盛り付けで見た目を楽しむ冷麦や素麺［2.1倍］メニューを紹介。

健康な体づくり

健康な体づくりへの関心が高まっている。プレーンヨーグルト［1.1倍］やカルピスなどの濃縮乳酸飲料［2.1倍］といった手軽に取り入れやすい商品を提案。

年間52週中の支出金額順位

（　）は年間平均を1.00とした場合の指数

内食	中食	外食	食費計
37位	30位	30位	33位
(0.98)	(0.97)	(0.92)	(0.97)

平日	休日	平日	休日	平日	休日	平日	休日
40位	9位	27位	13位	37位	20位	44位	10位

チラシテーマ

（　）は企業数：社

・夏の旬（8）
・メーカーフェア（7）
・メニュー提案（7）
・7/7 七夕（6）
・物産展・地方特集（6）
・7/10 納豆の日（4）

週次金額PI値上位データ

特化度1.5以上

細分類	PI値	特化度
カップゼリー	2,706	1.59
冷麦・素麺（乾麺）	2,139	2.59
冷ラーメン（チルド麺）	1,546	2.64
ぬか・漬物用材	1,487	1.71
ビールギフト	1,266	3.93
水ようかん・ゼリーギフト	869	3.01

週のポイント！

7/10　納豆の日
7/13　もつ焼きの日
7/14　ゼリーの日、ゼラチンの日
7/15　マンゴーの日
7/16　駅弁記念日

Key Word

レジャー需要

週末は夏休みに入る学校もありBBQやキャンプなどレジャーの需要が高まる。持ち運びが楽な小容量の調味料や、ノンアルコールも含めたビールを露出。

新盆

7月13〜15日の新盆は、東京など関東の一部地域で行われる。対象地域では、盆菓子［6.0倍］や果物など盆棚に必要な商品を、いわれの説明POPと共に提案。

梅雨明け

梅雨が明けると一気に気温が上がるため、梅雨明けのタイミングを注視しつつ、熱中症対策の水分や塩分補給として飲料の打ち出しを強化。

年間52週中の支出金額順位

（　）は年間平均を1.00とした場合の指数

内食	中食	外食	食費計
34位	12位	25位	24位
(0.98)	(1.03)	(1.00)	(0.99)

平日	休日	平日	休日	平日	休日	平日	休日
32位	43位	23位	8位	34位	25位	33位	31位

チラシテーマ

（　）は企業数：社

・夏の旬（9）
・物産展・地方特集（8）
・スタミナ（7）
・メーカーフェア（6）
・駅弁・空弁・各地銘菓（6）
・メニュー提案（4）

週次金額PI値上位データ

特化度1.5以上

細分類	PI値	特化度
ホームアイスマルチ	9,383	1.63
パーソナルアイスカップ	3,990	1.90
スポーツドリンク	3,703	1.97
パーソナルアイスファンシー	3,076	1.74
カップゼリー	2,706	1.65
冷麦・素麺（乾麺）	2,139	3.07

7/17 〜 7/23

週のポイント！

7/17 海の日
7/19 やまなし桃の日
7/20 ハンバーガーの日
7/22 ナッツの日
7/23 天ぷらの日

Key Word

ランチ＆おやつ

夏休みに入りランチやおやつ需要が高まり、焼きそばカップ[1.2倍]やライスバーガーなどのその他冷凍米飯[1.5倍]、インスタント食品、レンジアップ調理品などが売れる。特にランチは、火や包丁を使わずに子どもだけで安全に調理できるようなメニューの提案も有効。

ナッツ

健康意識の高まりを受け、クルミやアーモンド、ヘーゼルナッツやマカダミアナッツなど低糖質のナッツや塩分をカットした商品がヘルシーなおつまみとして人気を集めている。お酒のお供としてナッツをクロス展開で提案。

年間52週中の支出金額順位

（ ）は年間平均を1.00とした場合の指数

内食	中食	外食	食費計
27位	6位	20位	14位
(0.98)	(1.07)	(1.08)	(1.00)

平日	休日	平日	休日	平日	休日	平日	休日
9位	51位	7位	9位	17位	23位	10位	44位

チラシテーマ

（ ）は企業数：社

・丑の日（14）
・夏の旬（10）
・ごちそう（8）
・スタミナ（5）
・涼味・涼麺（4）
・その他（4）

週次金額PI値上位データ

特化度1.5以上
海の日、スポーツの日

細分類	PI値	特化度
ホームアイスマルチ	9,383	1.88
その他ドライ茶系飲料	4,836	1.51
パーソナルアイスカップ	3,990	2.38
スポーツドリンク	3,703	2.65
パーソナルアイスファンシー	3,076	1.94
果汁飲料（99%未満）	2,793	1.68

7/24 〜 7/31

週のポイント！

7/25 かき氷の日
7/27 スイカの日
7/28 菜っ葉の日
7/29 白だしの日
7/30 梅干しの日
　　　 夏土用丑の日

Key Word

丑の日

暑い夏を乗り切るため、うなぎだけでなくスタミナ料理も提案。部門を広げ、店全体で丑の日を盛り上げる。

日本酒

丑の日には、定番のビールに加えてうなぎと相性がいいとされる日本酒のマリアージュ提案で売り場を活性化。うなぎに合わせて飲みたいおすすめの日本酒をPOPで紹介。

スポーツドリンク

例年7月末から本格的にスポーツドリンク[1.8倍]が売れる。宅トレやウォーキングなど気軽に運動する人が増えており、「いつもの運動に水分補給」などのPOPで購買を促す。

年間52週中の支出金額順位

（ ）は年間平均を1.00とした場合の指数

内食	中食	外食	食費計
45位	2位	24位	17位
(0.95)	(1.30)	(1.03)	(1.00)

平日	休日	平日	休日	平日	休日	平日	休日
33位	33位	10位	21位	12位	34位	18位	33位

チラシテーマ

（ ）は企業数：社

・丑の日（18）
・夏の旬（11）
・ごちそう（5）
・メニュー提案（4）
・家飲み（4）
・その他（4）

週次金額PI値上位データ

特化度1.5以上
夏土用の丑

細分類	PI値	特化度
ホームアイスマルチ	9,383	1.78
その他ドライ茶系飲料	4,836	1.71
パーソナルアイスカップ	3,990	2.16
スポーツドリンク	3,703	2.62
パーソナルアイスファンシー	3,076	1.81
魚類味付加工品	3,048	1.72

7月の企画

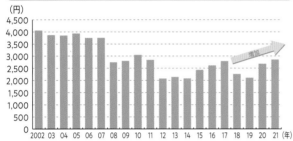

メイン企画 丑の日

大暑&丑の日
〜スタミナ祭り〜

　一年でいちばん暑い時期を指す大暑は、丑の日の頃になる。この時期は梅雨が明け暑さが厳しくなるため、夏バテを感じる人が多い。そこで、うなぎを食べる人にも食べない人にも向けたスタミナメニューや、合わせて楽しむお酒やデザートで売り場を盛り上げる。

「うなぎ蒲焼き」年間支出額

（円）

	4,500

出所：「家計調査結果」（総務省統計局）を加工して作成
注：2人以上世帯の一世帯当たり年間支出金額。

大暑
二十四節気の一つで、夏至から約1カ月後の7月23日前後から立秋までを指す。1年で最も暑さを感じる頃になる。

うなぎの蒲焼（調理品）の家庭での消費金額は2019年以降増えており、21年の購入額は、値上がりの影響もあるが19年に比べ約35%増の2,860円。

提案① ＋αでおいしく楽しむ

● スタミナ満点うなぎをさらに美味しく味わうため、もう一品の打ち出しで買上点数UPを図る。

副菜&調味料

スタミナがつくうなぎをさらに美味しく楽しむために、副菜や調味料を打ち出す。

しじみ汁
昔から夏バテ予防の食習慣として受け継がれてきたしじみ。うなぎとWでスタミナアップ。

山椒
うなぎは油分が多く、あまり消化が良くない。そこで生薬として胃腸を温め、消化をうながすとされる山椒と合わせて訴求。

茶碗蒸し
ふんわりと口当たりの優しい卵は、脂の乗ったうなぎとの相性抜群。栄養バランスの優れた茶碗蒸しでおいしくスタミナ回復を図る。

きゅうりの酢の物と奈良漬け
脂質の分解を助けるお酢は、脂っこいうなぎとの相性が良いと考えられている。関西以西は口がさっぱりする奈良漬けが好まれる。

うなぎに合う日本酒

国分グループ本社が所有する「食と日本酒マッチングシステム」で選定された、うなぎと合うこだわり日本酒を訴求。

食と日本酒のマッチングシステムのしくみ

STEP 1　科学的手法による分析
対象となる食品を味覚センサーで分析し、チャート表を作成。相性の良い日本酒を絞り込み

地酒蔵元会
加盟蔵元推奨
約250銘柄

STEP 2　官能検査による評価
専門家が実際に対象の「食」と、STEP 1をクリアした候補酒の官能検査を実施

最適な
日本酒を選出

POP例

提案② "う"のつくスタミナ満点メニュー

うなぎの代わりに "う" のつく食材を集めた販促もみられる。トレンド要素を取り入れたアレンジ提案で、売り場を盛り上げる。

うし

タンパク質が不足すると疲れを覚え "スタミナ不足" と感じてしまう

タンパク質が豊富な牛肉は、スタミナをつけるにはぴったりの食材。

トレンド **にんにく**

→ペッパーランチ風ごはん
SNS で話題。Instagram での「# ペッパーランチ風」投稿数は 2.7 万件（2022 年 11 月現在）。

トレンド **韓国**

→ビビンバ
第 4 次韓流ブーム中、好きな韓国料理ランキング 1 位。

うどん

うどんは麺類の中で食物繊維比率が低く、消化されやすい

食欲がわかない夏でも食べられる、消化の良いうどんにアレンジ。

トレンド **スパイス**

→マーラーうどん
流行のスパイス、花椒を取り入れたスタミナたっぷりアレンジレシピ。

トレンド **豆乳**

→豆乳担々うどん
豆乳に含まれるイソフラボンは、骨の健康維持にも期待ができる。

うめ

スタミナ回復に期待ができる梅をさらに美味しく楽しむ提案。

梅の代表的な成分クエン酸は、疲労回復や熱中症予防などに効果が期待

トレンド **韓国**

→梅キムチ
多くの乳酸菌が含まれる韓国の発酵食品、キムチを使用。梅干しをキムチに漬けるだけ。

トレンド **バタフライピー**

→梅ソーダバタフライピー
梅シロップに含まれるクエン酸にふれると、青色からあじさいのような紫色に変化。

バタフライピー
ハーブの一種で、日本名で「チョウマメ」と呼ばれている。ハーブティーによく使われ、鮮やかな青色をしているため、「インスタ映え」する飲み物として注目されている。

提案③ スタミナ回復デザート

チラシでは、スイーツの中でも、注目の甘酒や、"う" のつく食べ物に掛けて、うり科のスイカなどの訴求が見られる。

甘酒

「飲む点滴」ともいわれ、スタミナ回復に期待ができる甘酒を訴求。

子ども喜ぶ！甘酒プリン

アレンジ次第でもっと美味しく！
家族みんなで楽しむ甘酒アレンジ提案

さっぱりおいしい、甘酒フローズンヨーグルト

クリエイト 甘酒
大地の甘酒
（国分グループ本社）

スイカデザート

"う" のつくうり科である、スイカを訴求。

熱中症や夏バテ防止に効果的
スイカは果肉の 90％以上が水分だが、ビタミン A やカリウムなどのミネラルが豊富。成分比率が市販のスポーツドリンクとよく似ており、エネルギー転換の早い果糖やブドウ糖も含まれている。

小玉スイカをくり抜いて型にしたゼリー

アレンジ次第でもっと美味しく！
家族みんなで楽しむスイカアレンジ提案

サイダーと混ぜてスイカのしゅわしゅわフルーツポンチ

夏休みの救世主！
簡単ランチで神サマー

スキマ企画 夏休み

多くの母親は、夏休みの昼食作りを負担に感じている。長期休みの食事作りで最も重視されているのは「簡便性」で、料理する人は昼食の献立を考えることでも苦労している。そこで、夏休みの昼食作りの悩み解決を目指し、簡単ランチを提案する。

お子さんの長期休みの食事を用意する上で重視すること

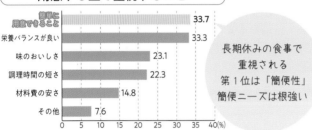

項目	(%)
簡単に用意できること	33.7
栄養バランスが良い	33.3
味のおいしさ	23.1
調理時間の短さ	22.3
材料費の安さ	14.8
その他	7.6

長期休みの食事で
重視される
第1位は「簡便性」
簡便ニーズは根強い

出所：食の総合情報サイト ぐるっぱ
アンケート名：お子さんの夏休みの食事を用意する際にどんなことを重視しますか
調査方法：インターネット調査
調査期間：2022年11月25日～11月29日
対象回答者数：871人（お子さんのいる方）

長期連休の昼食作りにおける悩みごと

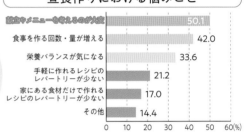

項目	(%)
献立やメニューを考えるのが大変	50.1
食事を作る回数・量が増える	42.0
栄養バランスが気になる	33.6
手軽に作れるレシピのレパートリーが少ない	21.2
家にある食材だけで作れるレシピのレパートリーが少ない	17.0
その他	14.4

出所：食の総合情報サイト ぐるっぱ
アンケート名：お子さんの夏休みの昼食を作る際にどんなことが悩ましいですか
調査方法：インターネット調査
調査期間：2022年11月25日～11月29日
対象回答者数：871人（お子さんのいる方）

> マンネリ化しないように考えることが負担になっている。

提案① 家計お助けメニュー

● 節約を意識して買われるもやし、豆腐を使ったボリュームメニューで、コスパが良く家計にやさしいメニューを提案。

節約を意識して使う食材

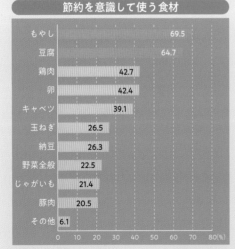

食材	(%)
もやし	69.5
豆腐	64.7
鶏肉	42.7
卵	42.4
キャベツ	39.1
玉ねぎ	26.5
納豆	26.3
野菜全般	22.5
じゃがいも	21.4
豚肉	20.5
その他	6.1

出所：食の総合情報サイト ぐるっぱ
アンケート名：食費の節約を考えた時に、使おうかなと思う食材を教えて下さい
調査方法：インターネット調査
調査期間：2022年11月25日～11月29日
対象回答者数：1,428人（複数回答）

もやしを使ったボリュームメニュー

もやしのとん平焼き

炒めた豚肉ともやし等の具材を卵で包むのが一般的。卵で包んでボリュームアップし、子どもも美味しく食べられるソース味に。

もやしと豚バラのレンジ蒸し

もやしをドーム状に盛り付け、その上から豚バラ薄切り肉を1枚ずつ広げて乗せ、レンジで加熱するだけで完成。

豆腐使ったボリュームメニュー

豆腐チャンプルー

木綿豆腐を使うと崩れにくく、食べ応えがある。味付けは、チャンプルーの素を使えば簡単。

豆腐かに玉

かに玉に細かく崩した豆腐を卵の半量入れて焼くと、ボリュームアップして、食感もふわふわに。

POP例 そんなあなたに… お財布にやさしいボリュームメニュー！

夏休みのランチ、どうしよう…

提案② 調理と片付けの一工夫で時短メニュー

夏の料理の時短ニーズはもともと高かったがコロナ禍を経てますます伸長。調理や後片付けの時間を短縮したいと考える人は多い。

夏の人気メニュー

夏に人気の麺料理を短時間でできる工夫と簡単アレンジを紹介。

夏になると食べたくなるメニュー

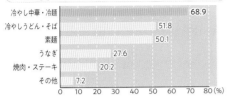

	%
冷やし中華・冷麺	68.9
冷やしうどん・そば	51.8
素麺	50.1
うなぎ	27.6
焼肉・ステーキ	20.2
その他	7.2

出所：食の総合情報サイトぐるっぱ
アンケート名：夏になるとどんな料理を食べたくなりますか
調査方法：インターネット調査
調査期間：2022年11月25日〜11月29日
対象回答者数：1,428人（複数回答）

冷やし中華

バンバンジー風

具材2種類冷やし中華
トッピングを準備するのが手間という人に向けて、具材2種類（きゅうり＋鶏むね肉など）でも満足感のあるレシピ。

混ぜるだけ

焼肉のタレでピリ辛冷やし中華
簡単にアレンジしたい人におすすめ。

冷麺

白だしで冷麺つゆ
家庭にある白だし、お酢、ゴマ油を使って、冷麺だしを作ることができる。

お手軽

コングクス（韓国風豆乳冷麺）

SNSで話題

大豆や黒豆を原料に作ったスープで食べる韓国の冷たい麺料理。

ワンポット、ワンボウルメニュー

調理器具を減らして、後片付けの時短につなげる提案。

料理に関する家事で特に「時短したい」もの

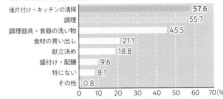

	%
後片付け・キッチンの清掃	57.6
調理	55.7
調理器具・食器の洗い物	45.5
食材の買い出し	21.1
献立決め	18.8
盛付け・配膳	9.6
特にない	8.1
その他	0.8

出所：食の総合情報サイトぐるっぱ
アンケート名：料理を作るとき、特に「時短したい」と思うことは何ですか
調査方法：インターネット調査
調査期間：2022年11月25日〜11月29日
対象回答者数：1,428人（複数回答）

ワンポットパスタ

ワンポットとは「ひとつの鍋」という意味。パスタをゆでるのも、具材やソースを調理するのもひとつの鍋で完結してしまうので、調理も後片付けもとっても簡単！

〔調理例〕**野菜とミートソースのワンポットパスタ**
野菜などの具材を切り、ひき肉と一緒に鍋にしきつめ、上からパスタを入れて水と調味料で煮るだけ。

ワンボウルでレンジ調理

材料全部を1つのボウルに入れてチンするだけ。それが「ワンボウルクッキング」。鍋もフライパンも火も使わずにおいしく作れてしかも時短。

〔調理例〕**ワンボウルミネストローネ**
じゃがいも、たまねぎ、にんじん、ベーコンなどの具材を耐熱ボウルに入れてラップをかけてレンジで加熱。その後トマト缶を入れてさらにレンジで加熱するだけ。

提案③ 料理に慣れていなくても安心！

働く母親に代わって、普段食事を作らない父親や子どもでも、簡単に作れるランチメニュー。

POP例

耐熱容器にパスタ、水、バター、薄切り玉ねぎ、豚肉を入れてレンジでチン

火を使わない

カレードリア
レトルトカレーとご飯を混ぜてレンジアップ。

カレーパスタ
レトルトカレーを加えれば旨味をパスタが吸い、濃厚な味わい。

火・包丁を使わない

火や包丁を使わないレシピは、子どもも安全

カレーつけ麺
レトルトカレーと市販の濃縮つゆや顆粒だし、水を混ぜてレンジアップ。

電子レンジで簡単オムカレー
子どもに人気のオムライスとレトルトカレーを合体。オムレツも電子レンジでできることをPOPで訴求。

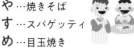

夏休みのランチに困ったら…
子ども大好きメニュー
おかあさんはやすめ
お…オムライス
か…カレーライス
あ…アイスクリーム
さん…サンドイッチ
は…ハンバーグ
や…焼きそば
す…スパゲッティ
め…目玉焼き

8 月

August

今月の
販促展開

●家族でつながるお盆
　　　～お盆の過ごし方、忘れてませんか？～
●食で夏の体調管理

2023年 記念日カレンダー

月	火	水	木	金	土	日
	1 水の日 パインの日	**2** おやつの日 カレーうどんの日	**3** はもの日 はちみつの日	**4** 栄養の日	**5** 発酵の日 裏ゴーヤーの日 パン粉の日	**6** ハムの日
				★～8/7　夏土用		
7 ★夏の節分 バナナの日	**8** ★立秋、 タコの日、たこ焼きの日、 パパイヤの日、こうじの 日、発酵食品の日、ブルー ベリーの日、白玉の日、 チャーハンの日	**9** ハンバーグの日	**10** 焼き鳥の日 はとむぎの日	**11** 山の日	**12**	**13**
		～8/12　夏のギフト（中元）				
14	**15** 刺身の日	**16**	**17** パイナップルの日	**18** 米の日 ビーフンの日	**19**	**20**
	8/13～8/15　旧盆					
21	**22**	**23** ★処暑	**24** ドレッシングの日	**25** 即席ラーメンの日	**26**	**27**
		8/23～8/24　月遅れ地蔵盆				
		～8/31　夏休み				
28	**29** 焼肉の日	**30**	**31** 野菜の日			
	8/29～　防災週間					

★がついている記念日は年によって月日が変動
夏土用：立秋の前の18日間
夏の節分：立秋の前日
立秋：二十四節気の一つ。毎年8月7日ごろ
処暑：二十四節気の一つ。毎年8月23日ごろ

月のポイント

1 お盆

　一時期減少していたお盆の帰省も回復し、家族で過ごす人は多いとみられる。また、近年、おうちBBQが定着している。

2 夏の体調不良

　8月は夏の体調不良を感じる人が最も多い月。夏の体調不良の対策として、疲労回復、食欲増進、冷え対策などに対し、食でサポートする提案にニーズがある。

年間平均に比べ8月によく食べられているメニュー* （特化度1.1以上）

主食	そうめん、その他のシリアル、チャーハン、冷やし中華、ピザ、コーンフレーク、冷やしうどん、ざるそば、その他の丼・重、挽肉のカレーライス
汁物	－
主菜	冷奴、その他の野菜の和風和え物、蒸しとうもろこし、野菜の酢の物、焼き肉、天ぷら、ゴーヤチャンプル、焼き鳥、豚肉の冷しゃぶ
副菜	トマト、プチトマト、茹で枝豆、浅漬け・一夜漬け、ぬか漬け、その他の単品の茹で野菜、きゅうり、もずく・めかぶの酢の物、梅干し、トマトのサラダ、その他の和風漬物、その他の単品の野菜ソテー
菓子・デザート	アイスクリーム、フルーツゼリー
飲料	麦茶、アイスコーヒー、100%果汁飲料、炭酸飲料（サイダー等）、炭酸水、アイスティー、スポーツ・栄養ドリンク、自家製ジュース、トマトジュース、乳酸飲料・希釈飲料、ノンアルコールビール、酢（飲用）、100%未満の果汁飲料、ジャスミン茶

出所：㈱ライフスケープマーケティングの食MAP®データです。
※ 2017年～2021年8月TI値合算の上位メニューをTI値順に記載（食卓機会：朝・昼・夕、TI値：5.0以上、特化度：1.1以上）
TI値：1,000食卓あたりの出現回数。　特化度：2017年1月～2021年12月のTI値合算に対する特化度。

8月によく売れるもの 👑

分類	総合	PI値	加工食品	PI値	チルド	PI値	冷凍食品	PI値
カテゴリー	牛乳	21,315	ソーセージ	18,688	その他チルド中華・アジア風調理加工品[注1]	620	冷凍ピラフ、炒飯	3,661
	ソーセージ	18,688	カレーレトルト・缶	4,388	チルド香辛料	108	パックアイス	2,107
	豆腐	13,654	焼きそばカップ	3,331			冷凍お好み焼、たこ焼	1,659
	L低アルコール・チューハイ	8,538	魚類干物	2,867			冷凍畜産素材	1,334
	国産発泡酒	7,937	かつおパック	1,284			冷凍おにぎり	794

分類	日配品	PI値	菓子	PI値	飲料	PI値	酒類	PI値
カテゴリー	豆腐	13,654	プレミアムアイスカップ	2,616	牛乳	21,315	L低アルコール・チューハイ	8,538
	特殊卵	6,310	盆菓子	2,182	その他ドライ茶系飲料[注5]	7,031	国産発泡酒	7,937
	おにぎり	1,583	ポケットグミ／ラムネ	2,134	果汁飲料（99%未満）	3,855	ビアテイスト（雑酒）	3,948
	その他ナチュラルチーズ[注2]	1,264	パーソナルアイスモナカ	1,768	強化乳（特殊乳）	3,779	外国ブランドビール	781
	その他豆腐加工品[注3]	1,257	その他ポケット菓子[注4]	724	トマト・野菜飲料	3,407	国産地ビール	507

出所：㈱KSP-SPのKSP-POS（食品スーパー）をもとに国分グループ本社で集計
抽出期間：2021年1～12月、各月で年間1位のカテゴリー（細分類）上位5カテゴリーを、大分類ごとに提示
PI値：1カ月の店舗来店者1,000人当たりの購入金額
注1：おつまみメンマ、春雨サラダなど　注2：主にさけるチーズ　注3：そうめん風とうふ、スンドゥブなど　注4：ねるねるねるねなど　注5：ミネラル麦茶、抹茶ラテペット飲料など

週のポイント！

- 8/1　水の日、
　　　 パインの日
- 8/2　おやつの日、
　　　 カレーうどんの日
- 8/3　はちみつの日、
　　　 はもの日
- 8/4　栄養の日
- 8/5
　　　 裏ゴーヤーの日、
　　　 発酵の日、パン粉の日

Key Word

おやつの日

8月2日はおやつの日。外出が増える夏休みは錠菓やグミなど、移動時でも食べやすいお菓子の露出を高める。

酸味のある食べ物

暑い時期には梅干 [1.5倍] など酸味のある食べ物が好まれる。疲労回復に役立つといわれるクエン酸を含む、梅干やレモンなどを使った商品のコーナー化も一案。

栄養の日

暑さで体調を崩しやすいこの時期に、夏バテ防止の効果がある栄養素であるミネラル、ビタミンなどを摂取できる食材（うなぎなど）の正しい情報を売り場で伝えるのもおすすめ。

年間52週中の支出金額順位
（　）は年間平均を 1.00 とした場合の指数

	内食	中食	外食	食費計
	28 位	16 位	37 位	32 位
	(0.98)	(1.02)	(0.88)	(0.97)

平日	休日	平日	休日	平日	休日	平日	休日
11 位	48 位	9 位	42 位	29 位	37 位	17 位	51 位

チラシテーマ
（　）は企業数：社

- お盆 (10)
- 夏の旬 (8)
- メニュー提案 (7)
- 駅弁・空弁・各地銘菓 (7)
- 物産展・地方特集 (7)
- 涼味・涼麺 (6)

週次金額PI値上位データ
特化度 1.5 以上

細分類	PI値	特化度
ホームアイスマルチ	9,383	1.87
その他ドライ茶系飲料	4,836	1.64
パーソナルアイスカップ	3,990	2.35
スポーツドリンク	3,703	2.74
パーソナルアイスファンシー	3,076	2.10
果汁飲料（99% 未満）	2,793	1.75

週のポイント！

- 8/7　バナナの日
- 8/8　タコの日、
　　　 たこ焼きの日、パパイヤの日、
　　　 こうじの日、発酵食品の日、
　　　 ブルーベリーの日、白玉の日、
　　　 チャーハンの日
- 8/9
　　　 ハンバーグの日
- 8/10　焼き鳥の日、
　　　　 はとむぎの日

Key Word

お盆準備

パックアイス [2.5倍] は、お盆の家飲みだけでなくアウトドアにも欠かせない商材。BBQでは余った氷は火消しとしても利用されるので、飲料と併せて提案する。

手土産品

帰省時の手土産品の需要が高まると考えられる。売り場では、地場商品の取扱いを強化し、手土産需要を取り込む。

鍋物商材

鍋需要は9月に立ち上がるが、お盆に向けてキムチ鍋のつゆが大きく伸長する。家族が集まるお盆に、夏の鍋として人気が高いキムチ鍋などの辛い鍋の打ち出しを強化。

年間52週中の支出金額順位
（　）は年間平均を 1.00 とした場合の指数

	内食	中食	外食	食費計
	3 位	4 位	4 位	3 位
	(1.09)	(1.23)	(1.33)	(1.13)

平日	休日	平日	休日	平日	休日	平日	休日
2 位	52 位	3 位	4 位	3 位	26 位	2 位	45 位

チラシテーマ
（　）は企業数：社

- お盆 (18)
- メニュー提案 (7)
- 夏の旬 (6)
- 物産展・地方特集 (6)
- 駅弁・空弁・各地銘菓 (5)
- メーカーフェア (4)

週次金額PI値上位データ
特化度 1.5 以上
山の日、お盆

細分類	PI値	特化度
国産（5社）ビール	24,301	1.54
パーソナルアイスカップ	3,990	1.66
スポーツドリンク	3,703	1.56
カップゼリー	2,706	1.74
和風半生菓子	2,580	1.65
その他菓子ギフト	2,429	3.06

8/14 ～ 8/20

**週の
ポイント！**

8/15　刺身の日
8/17　　パイナップルの日
8/18　米の日、
　　　　ビーフンの日

 Key **W**ord

（ 焼 肉 ）

コロナ禍で、幅広い世代で人気の焼肉は家で楽しむ人が増えた。8月29日の焼肉の日に向けて、焼肉のたれ [1.4倍]、わかめスープ、キムチなど関連品を肉売り場でクロス展開。

（ 冷蔵庫満タンセール ）

帰省や外出から帰宅する時期に、空になった冷蔵庫を補充する「冷蔵庫満タンセール」のほか、家計の支出を気にする人のためのお得なバンドル販売での「まとめ買い」で節約志向の人を取り込む。

（ 秋の旬菓子 ）

この週から秋の旬を打ち出した商品が多く提案される。流行の和栗を使用したお菓子をはじめ、近年人気を集める焼き芋フレーバーを使用したお菓子の提案もおすすめ。

年間 52 週中の支出金額順位
（ ）は年間平均を 1.00 とした場合の指数

内食	中食	外食	食費計
30 位	8 位	39 位	34 位
(0.98)	(1.05)	(0.82)	(0.97)

平日	休日	平日	休日	平日	休日	平日	休日
19位	38位	6位	12位	26位	52位	19位	50位

チラシテーマ
（ ）は企業数：社

・秋の旬（13）
・お盆（11）
・メニュー提案（7）
・メーカーフェア（4）
・物産展・地方特集（4）
・朝食・弁当（3）

週次金額 PI 値上位データ
特化度 1.5 以上
お盆

細分類	PI 値	特化度
その他ドライ茶系飲料	4,836	1.51
パーソナルアイスカップ	3,990	1.59
冷ラーメン（チルド麺）	1,546	1.97

8/21 ～ 8/31

**週の
ポイント！**

8/24　　ドレッシングの日
8/25　　即席ラーメンの日
8/29　焼肉の日
8/31　野菜の日

 Key **W**ord

（ 即席ラーメン ）

学校が始まっても数日は給食がないところもあるので、引き続きランチ需要が見込める。即席ラーメンの日に絡めて、ラーメンフェアの実施も一案。

（ 炊き込みご飯 ）

旬食材を楽しむメニューとして人気の炊き込みご飯の素 [1.4倍] が立ち上がる。秋の味覚のきのこを足して、「簡単ひと手間で秋を存分に楽しめる」レシピを紹介。

（ 焼肉の日 ）

「夏休み最後のごちそうを焼肉で！」などのPOPに、8月31日の野菜の日と絡めてチョレギサラダなど野菜を使ったサイドメニューを提案。

年間 52 週中の支出金額順位
（ ）は年間平均を 1.00 とした場合の指数

内食	中食	外食	食費計
19 位	19 位	41 位	36 位
(0.99)	(1.00)	(0.81)	(0.97)

平日	休日	平日	休日	平日	休日	平日	休日
21位	28位	12位	22位	33位	47位	23位	42位

チラシテーマ
（ ）は企業数：社

・8/29 焼肉の日（11）
・秋の旬（11）
・8/31 野菜の日（7）
・メニュー提案（7）
・駅弁・空弁・各地銘菓（7）
・物産展・地方特集（5）

週次金額 PI 値上位データ
特化度 1.5 以上

細分類	PI 値	特化度
ホームアイスマルチ	9,383	1.66
パーソナルアイスカップ	3,990	1.91
スポーツドリンク	3,703	1.79
パーソナルアイスファンシー	3,076	1.56
冷ラーメン（チルド麺）	1,546	2.02
炊き込みご飯の素	1,181	1.61

メイン企画

お盆

家族でつながるお盆
～お盆の過ごし方、忘れてませんか？～

コロナ禍ではお盆でも帰省、旅行に出かけない人が多くいたが、行動制限が解除されてからは人の流れも戻りつつある。元々、お盆は家族が集まって先祖を供養する行事であることから、家族で楽しむことを意識した打ち出しを行う。

提案① **お盆は家族でお寿司を満喫！**

● 寿司は幅広い世代で好きなメニューの第1位。
お盆のごちそうとしても、上位に出現している。

お盆のごちそう

順位	メニュー	割合
1	唐揚げ	26.8%
2	刺身	26.1%
3	握り寿司	22.5%
4	焼肉	19.7%
5	天ぷら	16.3%
6	ハンバーグ	8.1%
7	トンカツ	7.7%
8	ステーキ	6.1%
9	手巻き寿司	6.1%
10	ローストビーフ	5.0%

お盆に食べたメニューランキングでは、唐揚げに次いで、刺身、握り寿司がランクイン

出所：食の総合情報サイト ぐるっぱ
アンケート名：「お盆」に関するアンケート
調査方法：インターネット調査
調査期間：2019年8月19日～2019年8月27日
対象回答者数：1,403人

にぎり寿司、のり巻きは経年で伸長

お盆の寿司各種 TI 値　経年推移

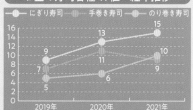

— にぎり寿司　— 手巻き寿司　— のり巻き寿司

（2019年 9 / 7 / 5、2020年 13 / 11 / 6、2021年 15 / 10 / 9）

出所：㈱ライフスケープマーケティングの食 MAP® データです
データ取得期間：2019年、20年、21年各年8月13～16日計
メニュー詳細分類：「にぎり寿司」「のり巻き寿司」「手巻き寿司」
食卓機会：夕食

銘々寿司

個食化の流れで、大勢集まっても取り分け不要でみんなで楽しめる寿司が人気。

手まり寿司

一口サイズの酢飯をラップで丸め、切り身をのせるだけで完成！

 寿司ネタ
・サーモン・タコ
・カツオ
・ローストビーフ

＋

 ちょい足し
・バジルソース
・ニンニク入り調味料
・辛み調味料

押し寿司

四角い型に寿司ネタと酢飯を押し込み切り分ける押し寿司は、一度にたくさん作ることができるので、大人数が集まるお盆にぴったり。

いなり寿司

油揚げの半分程度ご飯を詰めて、上から具材をのせた「オープンいなり」は、好きな具材のトッピングやご飯のアレンジで楽しめる。

トッピングに一工夫

・鶏＆卵
・鮭＆いくら
　相性ぴったり親子寿司

・穴子＆きゅうり
・かに入り
　お盆はちょっと贅沢

ご飯に一工夫

・すりごま
・青じそ
　香りでアクセント

・カリカリ梅
・甘酢しょうが
　食感でアクセント

キンパ

韓国料理ブームが続く中、韓国の海苔巻き寿司「キンパ」も人気。

定番のキンパ
ご飯はごま油、塩を混ぜて香りづけ。具材は牛肉・ナムル・たくあん。

チーズキンパ
ご飯を細かく切ったキムチで味付けし、とろけるチーズを巻いたキンパ。

折りたたみキンパ
大きな正方形の海苔の4カ所にご飯と具材をおいて、折りたたんで作る。

提案②　お盆は家族でBBQ

経年で「BBQ」「鉄板焼き」の家庭での出現は増えており、お盆の打ち出しにはチャンスがある。

「バーベキュー」「鉄板焼き」経年TI値伸長率

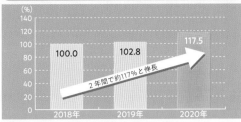

100.0　102.8　117.5

2年間で約117%と伸長

2018年　2019年　2020年

出所：㈱ライフスケープマーケティングの食MAP®データです
データ取得期間：2018～20年
メニュー詳細分類：「バーベキュー」「鉄板焼き」
食卓機会：夕食

家庭でのBBQや鉄板焼きの食卓への出現は、数値はまだ小さいものの2年間で約117%と伸長している。

「バーベキュー」「鉄板焼き」週別TI値

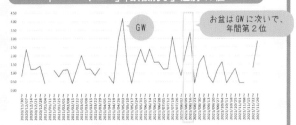

GW

お盆はGWに次いで、年間第2位

出所：㈱ライフスケープマーケティングの食MAP®データです
データ取得期間：2020年12月～2021年11月
メニュー詳細分類：「バーベキュー」「鉄板焼き」
食卓機会：夕食

BBQや鉄板焼きは、年間でGWに次いで、お盆によく食べられている。

BBQの主役　肉メニュー

BBQに欠かせない肉は、手作り人気が高いものやトレンド感のあるメニューを提案。

スペアリブ

スペアリブのWeb検索状況を確認すると※、BBQとの組み合わせでコンスタントに検索されていることがわかる。BBQでおいしく作るコツと、肉を柔らかくする調理法を紹介。
※㈱ヴァリューズ分析ツール「Dockpit」の分析に基づく

・専用たれで手軽に
・コーラ煮で柔らかく
・マーマレードで柔らかく
・本場アメリカ風！バーボンソース

プルドポーク

プルドポークとは、BBQ本場アメリカの3大BBQ料理の1つで、豚の塊肉にじっくり火を通し細かくほぐした(Pull)料理。外食店での取り扱いの増加や、市販品の登場で認知度・関心が上昇。

手作りプルドポークサンド　プルドポークピザ　プルドポークおにぎらず

楽ちんBBQサイドメニュー

アウトドア料理では調理、片付けが手軽なことが重視されている。

ホットサンド

切り込みを入れたフランスパンに好きな具材を挟み、アルミホイルで包んで鉄板で焼くだけ！

K&K "CAN"Pの達人 ホットサンドの具（国分グループ本社）
（左）ビーフシチュー味（中）チキンマヨネーズ味（右）ミートソース味

アヒージョ

材料が少ない上、アルミホイル容器を使えば後片付けがラク。女性キャンパーがよく作るキャンプ料理の第1位。

K&K "CAN"Pの達人 キャンパーノアヒージョ→
（国分グループ本社）

BBQにはトマトサラダ

サラダはBBQと一緒に食べられる上位メニュー。中でもトマトサラダの8月の食卓出現は約5倍と多い。

「BBQ」「鉄板焼き」同時出現メニューランキング

順位	メニュー詳細分類	同時出現率	特化度
1	ミックス野菜サラダ	15.8%	1.0
2	トマトのサラダ	10.5%	5.2
2	その他の単品のゆで野菜	10.5%	4.5
2	冷や奴	10.5%	1.2
5	コーンスナック類	5.3%	79.3
5	おから料理	5.3%	22.2
5	たこの酢の物・和え物	5.3%	19.1
5	豆腐・ゆばの吸い物・すまし汁	5.3%	15.4
5	醤油ラーメン	5.3%	11.6
5	ベーコンと野菜の炒め物	5.3%	11.6

出所：㈱ライフスケープマーケティングの食MAP®データです
データ取得期間：2021年8月　メニュー詳細分類：「バーベキュー」「鉄板焼き」
食卓機会：夕食

BBQで飲むお酒

BBQと一緒に飲まれるお酒ではビールが最も多いが、特化度ではワイン類が高い。

ワイン別　相性の良いフルーツでサングリア

白ワイン
赤ワイン
ロゼワイン
ブルーベリー　グレープフルーツ　イチゴ　レモン　オレンジ　リンゴ　ライチ缶フルーツ缶　モモ　パイナップル

ワインの中でも、BBQにぴったりで飲みやすいサングリアもおすすめ

食で夏の体調管理

夏になると体調不良を感じる人は8割にのぼる。特に8月は最も夏バテを感じる人が多い月。そこで夏バテ対策として、疲労回復、食欲増進、冷え対策の3つに注目し、食で体調管理を行う。

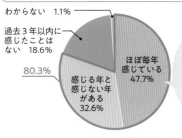

過去3年以内に夏の体調不良を感じたことがある

- わからない 1.1%
- 過去3年以内に感じたことはない 18.6%
- 80.3%
- ほぼ毎年感じている 47.7%
- 感じる年と感じない年がある 32.6%

8割以上の人が夏バテや、夏の暑さによる体調不良を経験

出所：㈱プラスアルファ・コンサルティング「見える化エンジン」瞬速
リサーチ情報の自社集計
調査期間：2021年2月12日〜2月19日
対象回答者数：644人

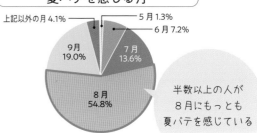

もっとも夏バテを感じる月

- 上記以外の月 4.1%
- 5月 1.3%
- 6月 7.2%
- 9月 19.0%
- 7月 13.6%
- 8月 54.8%

半数以上の人が8月にもっとも夏バテを感じている

出所：食の総合情報サイト ぐるっぱ
アンケート名：夏から秋の、食や暮らしに関するアンケート
調査方法：インターネット調査
調査期間：2022年11月25日〜11月29日
対象回答者数：1,428人

夏の体調不良の症状と原因、対策

夏の体調不良の症状は主に3つある

症状	原因	対策	
①疲れがとれない	熱帯夜で寝苦しく、質のいい睡眠がとれなくて疲労が蓄積	疲労回復	糖質からエネルギーを補う良質なたんぱく質を摂る
②食欲がない	疲労やだるさ・胃腸の疲れなど	食欲増進	香辛料、酸味のあるものを摂る
③体が冷える	冷房、冷たいものを食べ過ぎることにより、胃腸が冷える	冷え対策	体を温める食材や、温かい汁物を摂る

出所：国分グループ本社調べ

提案① 疲労回復

米麹甘酒には消化しやすいブドウ糖が含まれている。また近年注目のたんぱく質は、夏バテ対策にとっても重要な栄養でもある。

甘酒七変化

甘酒は冬だけでなく、夏にもヤマができ、打ち出しのチャンス。ブドウ糖は脳に必要な栄養素でもある。

ブドウ糖が含まれる米麹甘酒に注目し、アレンジレシピを提案

- 食事
  - 甘酒オーバーナイトオーツ
    - オートミールと甘酒を混ぜ合わせて冷蔵庫で一晩置く
- デザート
  - 甘酒ホイップマリトッツォ
    - 甘酒を加えたホイップクリームをロールパンにたっぷりとのせて
- ドリンク
  - 甘酒ラッシー
    - 牛乳とレモン果汁に甘酒をよく混ぜ合わせる

コンビーフ

動物性たんぱく質を摂ることができる。
常温保存で賞味期限も長く、さまざまな料理に合う。

あらゆる食シーンでの幅広い楽しみ方を提案しながら、クロス展開

POP例

コンビーフ TKG

TKGに魔法をかけてくれるんです！

私のおすすめです!!

たまごかけごはん専用コンビーフ（国分グループ本社）

提案② 食欲増進

香辛料は食欲増進が期待できる食材。辛いものブームの影響もあり、チラシではカレーの提案や、ウマ辛をテーマにしたラー油肉そば企画を実施している。

ポークビンダルー

ポークビンダルーは辛味と酸味の効いたインドカレー。スパイスカレーブームの中で、特に注目されているポークビンダルーの訴求で売り場の活性化を狙う。

クローブを煮込む前に軽く入れると、グッと大人の味に！

 辛味 スパイス ×  酸味 ワインビネガー ＝

ワインビネガーが必須！

認知度が不十分なものはレシピなどをPOPで丁寧に説明

POP例

流行りの **ポークビンダルー**
こっそり教えます……

スパイス × ワインビネガー の新体験
クセになるこの味を先取りしませんか？

レシピはこちら→

辛うまっ！麺

夏によく食べる涼味麺と、辛さを楽しめる香辛料を組み合わせたレシピを提案。

夏に麺を食べる頻度が増える人は8割以上

麺類
・そうめん
・うどん
・そば

×

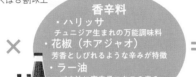

香辛料
・ハリッサ
　チュニジア生まれの万能調味料
・花椒（ホアジャオ）
　芳香としびれるような辛みが特徴
・ラー油
　ごま油に唐辛子エキスの辛み

＝

●豆乳ソウメッサ
　ハリッサ入り豆乳そうめん
●麻辣まぜうどん
　花椒と唐辛子の辛み
●ラー油肉そば
　ラー油がピリリと効く

提案③ 冷え対策

左のグラフにあるように、夏は体が冷える生活習慣が多くある。そこで、体を温める効果が期待できる発酵食品に注目。また、血行促進が期待できるビタミンEを含むアーモンドにも注目。

夏の生活習慣であてはまること

項目	(%)
冷たいものや飲み物をとる機会が増える	75.4
入浴はシャワーですませることが多い	42.4
冷房効かせた部屋で長時間過ごすことが多い	39.8
寝不足・睡眠不足を感じる日が増える	28.9
一晩中エアコンをつけたまま寝る	27.0
その他	2.9

上位5項目のうち4つが体の冷えを加速させる習慣となっている

出所：食の総合情報サイト ぐるっぱ
アンケート名：夏から秋の、食や暮らしに関するアンケート
調査方法：インターネット調査
調査期間：2022年11月25日〜11月29日　対象回答者数：1,428人

アーモンド

アーモンドの健康効果に注目。夏の冷え対策としてさまざまな食シーンでアーモンド商品を取り入れる。

デザート　おつまみ・おやつ　ドリンク

夏の冷え対策として、
アーモンドを使った商品を品揃え

POP例

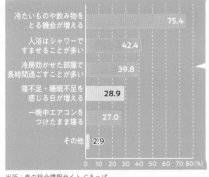

アーモンドを
食べて ①美味しく
飲んで ②元気に
一石二鳥！

※アーモンドに含まれるビタミンEは血流の流れを良くする働きがあります

味噌汁

味噌汁は、発酵食品の味噌を使っている上に温かいので体を温めるにはぴったり。ちょい足しや手作りの簡便品で習慣化をサポート。

油	発酵食品	しょうが
オメガ3を含むアマニ油やえごま油は特におすすめ。	辛味のある豆板醤で味にアクセント。	加熱することで、しょうがはショウガオールが20倍になるといわれている。

9月
September

今月の販促展開

●敬老の日をイマドキシニア向けにアップデート！
●日頃から備えておくべき防災食品のススメ

2023年 記念日カレンダー

月	火	水	木	金	土	日
				1 防災の日 防災用品点検の日 キウイの日、二百十日 9/1 新学期	**2**	**3** クエン酸の日 グミの日
4 串の日	**5**	**6** 黒の日、黒豆の日 黒酢の日、 スマートストックの日 鹿児島黒牛・黒豚の日	**7**	**8** ★白露	**9** 重陽の節句 食べ物を大切にする日 手巻き寿司の日 親子でCOOK（クック）の日	**10** 牛たんの日
11	**12**	**13**	**14**	**15** ひじきの日 石狩鍋記念日	**16**	**17** イタリア料理の日
18 ★敬老の日、かいわれ 大根の日、海老の日	**19**	**20**	**21** 国連・国際平和デー	**22**	**23** ★秋分の日	**24**
25 主婦休みの日	**26**	**27**	**28**	**29** ★中秋の名月 ★月見酒の日	**30**	

~ 9/5 防災週間
9/4 ～ 秋の遠足・修学旅行
9/9 ～ 秋の運動会
9/18 ～ 秋の行楽シーズン
9/18 ～ 9/30 冬服準備
★ 9/20 ～ 9/26 秋彼岸

★がついている記念日は年によって月日が変動
白露：二十四節気の一つ。毎年9月8日ごろ
敬老の日：毎年9月第3月曜日
秋彼岸：秋分の日を中日として前後3日間
秋分の日：二十四節気の一つ。毎年9月23日ごろ
中秋の名月：旧暦の8月15日にあたる日
月見酒の日：中秋の名月と同日

月のポイント

1 秋の行楽

シルバーウイークは外出機会が増加すると共に、行楽帰りには時短節便の需要が高まる。

2 秋の彼岸

彼岸には、おはぎなどお供え物や煮物などの精進料理といった、いわれのある料理を由来と共に打ち出しながら単価アップも狙える天ぷら等のごちそうも提案する。

年間平均に比べ9月によく食べられているメニュー※（特化度1.1以上）

主食	炊き込みご飯、そうめん、コーンフレーク
汁物	－
主菜	冷奴、魚の塩焼き、かぼちゃの煮物・含め煮、ごぼう以外のきんぴら料理、蒸しとうもろこし
副菜	ぬか漬け、茹で枝豆、その他の単品の茹で野菜、キャベツ、コールスローサラダ、ナムル
菓子・デザート	アイスクリーム、フルーツゼリー
飲料	麦茶、アイスコーヒー、炭酸飲料（サイダー等）、炭酸水、アイスティー、トマトジュース、ノンアルコールビール、フルーツ野菜ジュース、100％未満の果汁飲料、酢（飲用）

出所：㈱ライフスケープマーケティングの食MAP®データです。
※ 2017年～2021年9月 TI値合算の上位メニューをTI値順に記載（食卓機会：朝・昼・夕、TI値：5.0以上、特化度：1.1以上）
TI値：1,000食卓あたりの出現回数。　特化度：2017年1月～2021年12月のTI値合算に対する特化度。

9月によく売れるもの

分類	総合	PI値	加工食品	PI値	チルド	PI値	冷凍食品	PI値
カテゴリー	ラーメンカップ	11,030	ラーメンカップ	11,030	サラダ	6,201	冷凍農産素材	5,233
	サラダ	6,201	炊き込みご飯の素	1,897	チルド焼売	1,193	冷凍中華麺	1,897
	冷凍農産素材	5,233	切り干し大根	423	チルド炊き込みご飯の素	624	冷凍パン類	60
	豆乳	4,207	その他カレー・シチュー・ハヤシ	53	チルドパスタソース	13	その他冷凍フライ注1	21
	浅漬	3,229	ソーセージ（ビン缶詰）	7				

分類	日配品	PI値	菓子	PI値	飲料	PI値	酒類	PI値
カテゴリー	浅漬	3,229	その他ヨーグルト注2	1,368	豆乳	4,207		
	和惣菜	2,861	チョコレート（ハロウィン）	928				
	粉チーズ	669	ビスケット（ハロウィン）	624				
	セミハードチーズ	109	キャンディ（ハロウィン）	346				
	スティックチーズ	71	その他（ハロウィン）	315				

出所：㈱KSP-SPのKSP-POS（食品スーパー）をもとに国分グループ本社で集計
抽出期間：2021年1～12月、各月で年間1位のカテゴリー（細分類）上位5カテゴリーを、大分類ごとに提示
PI値：1カ月の店舗来店者1,000人当たりの購入金額
注1：チーズ揚げ、串揚げセットなど　注2：無糖ヨーグルト、機能性ヨーグルトなど

9/1 ～ 9/10

週のポイント！

9/1 キウイの日
9/3 クエン酸の日、グミの日
9/4 串の日
9/6 黒の日、
黒豆の日、黒酢の日、
鹿児島黒牛・黒豚の日、
スマートストックの日
9/9
食べ物を大切にする日、
手巻き寿司の日、
親子で COOK の日
9/10 牛たんの日

Key Word

防災の日

9月1日は防災の日。店頭では「防災食品の賞味期限は大丈夫？」といった POP で、家庭で備蓄している防災食品の入れ替えや購入を促進。

重陽（ちょうよう）の節句

9月9日の重陽の節句は旧暦の収穫祭と重なり栗を食べる風習がある。栗ご飯の素や生栗などの商品に加えて栗ようかんやモンブランなど流行の栗スイーツをいわれと共に打ち出し。

新学期・朝食

新学期が始まる時期で、改めて朝食を見直す家庭が増える。コロナ禍を経てオートミールやアーモンドミルクなどが話題となっており、朝食の新しいスタイルを提案する。

年間 52 週中の支出金額順位

（　）は年間平均を 1.00 とした場合の指数

	内食	中食	外食	食費計
	21 位	28 位	45 位	43 位
	(0.99)	(0.97)	(0.76)	(0.96)
	平日	休日	平日	休日	平日	休日	平日	休日

平日	休日	平日	休日	平日	休日	平日	休日
31 位	10 位	24 位	25 位	48 位	39 位	45 位	22 位

チラシテーマ

（　）は企業数：社

- 秋の旬（12）
- 物産展・地方特集（8）
- メーカーフェア（5）
- あったか（4）
- 駅弁・空弁・各地銘菓（4）
- 新学期（朝食・弁当）（4）

週次金額 PI 値上位データ

特化度 1.5 以上

細分類	PI 値	特化度
炊き込みご飯の素	1,181	1.70

9/11 ～ 9/17

週のポイント！

9/15 ひじきの日、
石狩鍋記念日
9/17 イタリア料理の日

Key Word

秋彼岸

翌週の秋彼岸に向けて、お供え用の盆菓子 [4.7倍] やまんじゅう [1.2倍] がよく売れる。また、天ぷらや煮物の食卓出現も増えるので、みりんや天ぷら粉などの関連商品の打ち出しを強化。

敬老の日

三連休最後の敬老の日は海老の日にも認定されている。海老天・海老フライなど人気の海老メニューは、惣菜と手作り材料の両面からお祝いのごちそうとして提案。

ハロウィン菓子

ハロウィン菓子のエンドが立ち上げとなり、ハロウィン用チョコレート [3.9倍] やビスケット [2.8倍] が売れるため、しっかりと露出を増やす。

年間 52 週中の支出金額順位

（　）は年間平均を 1.00 とした場合の指数

	内食	中食	外食	食費計
	12 位	15 位	32 位	18 位
	(1.01)	(1.02)	(0.90)	(1.00)

平日	休日	平日	休日	平日	休日	平日	休日
13 位	26 位	22 位	10 位	42 位	34 位	25 位	28 位

チラシテーマ

（　）は企業数：社

- 彼岸（10）
- 月見（9）
- 秋の旬（9）
- 物産展・地方特集（8）
- ごちそう（7）
- 駅弁・空弁・各地銘菓（6）

週次金額 PI 値上位データ

特化度 1.5 以上

細分類	PI 値	特化度
プレミアムアイスカップ	1,805	1.58
炊き込みご飯の素	1,181	1.64
おはぎ（常温日配）	510	2.49

9/18 ～ 9/24

週のポイント！

9/18 敬老の日、
かいわれ大根の日、
海老の日

9/23 秋分の日、
秋彼岸

Key Word

連休のごちそう

祝日に合わせてごちそうを提案するチャンス。焼肉やすき焼き、寿司など人気のメニューに秋の旬を絡めたメニューもおすすめ。

高級簡便商品

この時期は秋の行楽や運動会などから時短簡便の需要が高まるが、日常の簡便需要とは異なる。運動会後のシーンも想定し、高単価商品の惣菜や冷凍食品を強化。

おはぎ

彼岸で食べられるおはぎは惣菜 [8.7 倍] だけでなく材料のあんこ [1.7 倍] も好調。あんこを使ったメニューとして、あんバタートーストなども提案する。

年間 52 週中の支出金額順位
（ ）は年間平均を 1.00 とした場合の指数

	内食		中食		外食		食費計	
	9 位		10 位		21 位		10 位	
	(1.02)		(1.04)		(1.05)		(1.03)	
平日	休日	平日	休日	平日	休日	平日	休日
4位	39位	10位	27位	9位	36位	4位	40位

チラシテーマ
（ ）は企業数：社

・彼岸（14）
・秋の旬（12）
・月見（10）
・ごちそう（9）
・駅弁・空弁・各地銘菓（8）
・メニュー提案（6）

週次金額 PI 値上位データ
特化度 1.5 以上
敬老の日、中秋の名月、秋彼岸

細分類	PI 値	特化度
弁当	2,112	1.54
おはぎ（常温日配）	510	6.84

9/25 ～ 9/30

週のポイント！

9/25 主婦休みの日

9/29 中秋の名月、
月見酒の日

Key Word

おでん

最低気温が 20 度を下回る日が続き、おでんの需要が高まる。近年、縮小したコンビニカウンターおでんの需要を取り込むべく、売り場ではおでん商品をはじめ、辛子や柚子胡椒といった関連品をクロス展開。

中秋の名月

中秋の名月の日は、月見うどんなどのメニューや月見団子、月見酒など「月見」に関連する風習の提案を強化する。また、すすきやうさぎなど月見にまつわる装飾物を用い、売り場の演出を図る提案もおすすめ。

年間 52 週中の支出金額順位
（ ）は年間平均を 1.00 とした場合の指数

	内食		中食		外食		食費計	
	18 位		32 位		31 位		28 位	
	(0.99)		(0.96)		(0.91)		(0.98)	
平日	休日	平日	休日	平日	休日	平日	休日
35位	7位	42位	11位	39位	19位	40位	9位

チラシテーマ
（ ）は企業数：社

・秋の旬（11）
・あったか（7）
・メーカーフェア（7）
・駅弁・空弁・各地銘菓（5）
・鍋（5）
・物産展・地方特集（5）

週次金額 PI 値上位データ
特化度 1.5 以上

細分類	PI 値	特化度
弁当	2,112	1.91
チョコ系ポケット	1,446	1.56
おでんセット	1,287	1.63

メイン企画 敬老の日

敬老の日をイマドキシニア向けにアップデート！

敬老の日は、「家族で楽しめる」「秋の味覚を楽しむ」をポイントに、ワンランクアップ提案や秋の旬・長寿を祝う縁起物と絡めた提案を行う。今の祖父母世代は心・体ともに若々しく、かつてのお年寄り像とは実態が異なることから、シニアが本当に喜ぶお祝いの実現を目指す。

「高齢者とは何歳以上か」との質問への回答

■ 60歳以上　■ 65歳以上　■ 70歳以上　■ 75歳以上
■ 80歳以上　■ 85歳以上　■ これ以外の年齢
■ 年齢では判断できない　■ わからない　■ 無回答

1999年　75歳未満 合計70.4%

2014年　75歳未満 合計36.3%

0　20　40　60　80　100（%）

出所：内閣府「平成26年度高齢者の日常生活に関する意識調査結果」

75歳未満を高齢者と感じる人は約半分に減少。同じ年齢でも今のシニアは若いと感じられている

季節の味覚を意識する時期

（%）

100
80　　　　　　82.6
60
40　37.3　29.4　　　　31.4
20　　　　　　　　　　　9.0
0　春　夏　秋　冬　季節の味覚は意識しない

出所：食の総合情報サイト ぐるっぱ
アンケート名：秋の味覚に関するアンケート
調査方法：インターネット調査

調査期間：2021年9月29日～10月5日
対象回答者数：1,485人（複数回答）

季節の味覚を意識する時期として、秋が1位。8割以上の人が選んでいる

提案①

トレンドだってバッチリ★キャンプごはん

● キャンプ経験は60代以上がもっとも高く、シニアにとってキャンプは身近。また、秋はキャンプにおすすめの季節でもある。

BBQ

秋の旬を絡めたメニューや、高級食材を使った調味料でランクアップ。

キャンプでよく作る料理

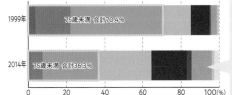

バーベキュー　41.7
カレー　38.2
焼きそば　28.1
焼き鳥　6.8
燻製料理　4.3

0　10　20　30　40　50（%）

BBQがもっとも多く、人気のキャンプごはん

出所：食の総合情報サイト ぐるっぱ アンケート名：キャンプカレーに関するアンケート 調査方法：インターネット調査 調査期間：2021年9月1日～9月7日 対象回答者数：1,941人（上位5位、複数回答可）

全世代で楽しむ

・肉は、牛、豚、鶏各種を揃えて、ニーズに対応
・海鮮は、有頭海老や殻付きほたてなど、見た目も楽しめる食材を強化

さつまいも×りんご かぼちゃなど

秋旬　ワクワクする敬老の日

ホイル焼き うまみがあふれ みなハッピー よみ人しらず

POP例

ランクUP　トリュフやウニなど高級食材を使った調味料で、気軽にリッチな気分に！

パエリア

キャンプごはんの新定番として人気のパエリアを、秋の旬と縁起物に絡めて打ち出し。

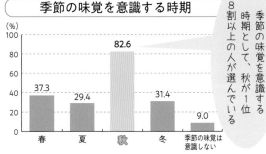

秋旬　秋の旬のうち、鮭とサバに注目してレシピを紹介

縁起物　ワクワクする敬老の日

曲がった腰と長いひげが長寿を表すよ

長寿のいわれがあるえびに注目

縁起物の有頭えびで長寿をお祝いしよう！

POP例

ホットサンド

ホットサンドメーカー人気に注目し、縁起物の小豆やトレンドのキャンプ飯メニューを提案。

縁起物　お祝いや季節の行事などで食べられてきた小豆（あんこ）を使ったホットサンドを提案

K&K"CAN"Pの達人 ホットサンドの具 チキンマヨネーズ味（国分グループ本社）

提案② 好きなごちそうが食べたい！

敬老の日を含む秋の連休の年間内食消費支出金額は、クリスマスを含む年末年始、お盆、GW など大きなイベントに遜色ないくらい大きい。

敬老の日によく食べられているもの（特化度）

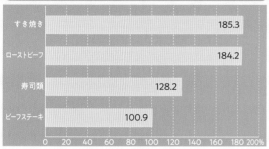

すき焼き	185.3
ローストビーフ	184.2
寿司類	128.2
ビーフステーキ	100.9

出所：㈱ライフスケープマーケティングの食 MAP® データです
期間：2020年～22年9月の敬老の日
※敬老の日は 2020年9月21日、2021年9月20日、2022年9月19日を対象
食卓機会：夕食　計数：TI 値

60代、75歳以上の肉摂取量の変化【1人1日当たり(g)】

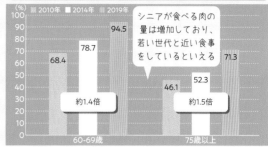

シニアが食べる肉の量は増加しており、若い世代と近い食事をしているといえる

60-69歳：2010年 68.4、2014年 78.7、2019年 94.5（約1.4倍）
75歳以上：2010年 46.1、2014年 52.3、2019年 71.3（約1.5倍）

出所：厚生労働省「国民健康・栄養調査」
注：平均値。

寿 司

2000～2020年まで好きな料理ランキング不動の1位！圧倒的な人気メニュー。

全世代で楽しむ　一緒に作って食卓を囲むため会話が生まれる手巻き寿司は、団らんメニューとしておすすめ！

〈秋の旬、サーモンの打ち出しを強化〉

秋旬　POP例

敬老の日は 秋の旬 サーモンまつり！

すき焼き

秋の三連休のごちそうとしてチラシに登場。高級な牛肉と調味料でランクアップ提案。産地にもこだわりたい。

ランクUP　国産牛肉では、おすすめの部位と味わいなどを紹介。こだわり調味料もあわせて提案

〈秋といえばきのことなす！〉

秋旬　POP例

ワクワクする敬老の日

おすすめ！おろしときのこと秋ナスすき焼き

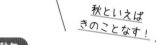

秋ナスは寒暖差や日照量などの関係で旨みが凝縮されます。食べないと後悔する……かも！？

サラダ

サラダは三連休の副菜としてもっとも食べられている。秋の旬や縁起物を使ったサラダを提案。

秋旬　かぼちゃやりんごなどの旬の野菜や果物を使ったデリ風サラダで食卓を華やかに

縁起物　「めで "たい"」の語呂合わせでお馴染みの鯛を使った鯛サラダやカルパッチョを提案

敬老の日を含む三連休の副菜カテゴリーTI値上位5位

順位	メニュー詳細分類	三連休 TI 値
1	ミックス野菜サラダ	147.7
2	納豆	89.7
3	キムチ・カクテキ	49.6
4	ゆで枝豆	46.4
5	トマト	44.3

出所：㈱ライフスケープマーケティングの食 MAP® データです
データ取得期間：2021年9月1日～31日（三連休9月18日～20日）
食卓機会：夕食

スキマ企画 防災

日頃から備えておくべき防災食品のススメ

コロナ禍において備蓄意識が高まり、防災食品を見直す人は増えているが、具体的に何を揃えればいいのか悩む生活者は多い。最新の防災食を紹介するとともに、デイリーストックアクションの考え方を浸透させるべく、日常使いとしてもストックとしても役立つ食の提案を行う。

コロナ禍前と比べて防災意識は高まったか

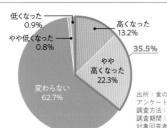

- 低くなった 0.9%
- やや低くなった 0.8%
- 高くなった 13.2%
- やや高くなった 22.3%
- **35.5%**
- 変わらない 62.7%

長引くコロナ禍にて備蓄に対する意識が高まり、防災用品の見直しを行う人が増えたことなどがあげられる

出所：食の総合情報サイト ぐるっぱ
アンケート名：コロナ前と比べて防災意識は高まりましたか
調査方法：インターネット調査
調査期間：2022年11月25日〜11月29日
対象回答者数：1,428人

「非常食／防災食」を常備しているか

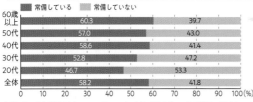

■常備している　■常備していない

	常備している	常備していない
60歳以上	60.3	39.7
50代	57.0	43.0
40代	58.6	41.4
30代	52.8	47.2
20代	46.7	53.3
全体	58.2	41.8

「常備している」は60代が最も多い

出所：食の総合情報サイト ぐるっぱ　アンケート名：夏から秋の、食や暮らしに関するアンケート
調査方法：インターネット調査　調査期間：2022年11月25日〜11月29日
対象回答者数：1,428人

防災で困っていること、ストレスに感じていること

項目	%
賞味期限を切らしてしまう	40.2
見直しが大変	33.1
収納場所が無い	29.8
お金がかかる	28.7
防災食や防災用品をどのくらい買ったらいいかわからない	28.7
めんどうくさい	22.4
夏と冬で必要な物が異なる	17.0
何を買っていいかわからない	14.6
特にない	12.6
全て自分がやっている	7.5
選ぶ時間が無い	3.2
その他	1.3

出所：食の総合情報サイト ぐるっぱ
アンケート名：夏から秋の、食や暮らしに関するアンケート
調査方法：インターネット調査
調査期間：2022年11月25日〜11月29日
対象回答者数：1,428人（複数回答）

提案① いま揃えるべき防災食品

● 日頃の災害に備えて何がどのくらい必要かを明示する。

α（アルファ）米※

防災食品の中でも味や製法にこだわり、いつもの味を楽しむことができる商品が広がっている。

アレルギー対応やハラル認証商品も登場

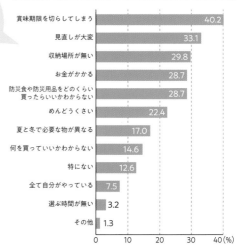

POP例
「防災」のお悩み解決講座
防災食品ってどのくらい必要？
備蓄の目安は、家族の人数 × 最低3日分
日持ちするレトルト食品や缶詰がおすすめ

※α米…炊きたてごはんのおいしさそのままに急速乾燥したもの

缶詰

調理せずに食べられることから防災用としても缶詰の備蓄はおすすめ。最新の缶詰を紹介して目先を変えた提案も。

豆缶
食物繊維が豊富な豆の缶詰はいろいろな種類がある。

スイーツ缶詰
ケーキの缶詰で災害時に不足しがちなカロリーをおいしく補給。

健康志向
近年、EPAやDHAが豊富であると注目されているサバと発酵食品の塩麹を使った缶詰なども登場。

防災食として缶詰をおすすめする理由

1	保存性がよい
2	調理せずに食べられる
3	栄養価が高い
4	おいしいこと

近年では味にこだわった缶詰も続々と登場

出所：国分グループ本社調べ

提案② デイリーストックアクションを実践！

DAILY STOCK ACTION（DSA）は「日常的な常温保存可能食品（缶詰、レトルト食品等）を一定量ストックしながら食べていこう」という家庭用備蓄推進活動。

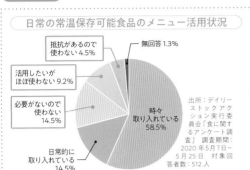

日常の常温保存可能食品のメニュー活用状況

- 抵抗があるので使わない 4.5%
- 無回答 1.3%
- 活用したいがほぼ使わない 9.2%
- 必要がないので使わない 14.5%
- 時々取り入れている 58.5%
- 日常的に取り入れている 14.5%

出所：デイリーストックアクション実行委員会「食に関するアンケート調査」 調査期間：2020年5月7日～5月25日 対象回答者数：512人

ローリングストックは、主に大きな災害に備えて生まれた考え方だが、DSAは大災害だけでなく、日常の小さな災いを乗り切ることも目標としている

左のグラフから約3割が活用しておらず、ここに訴求の余地がある。常温保存食品を活用しない人の理由としては「添加物や防腐剤が多そう」「栄養価が低そう」 など。

栄養補給

避難生活では栄養不足による課題が多い。常温保存可能かつ栄養補給にもなる商品を提案。

便秘がち
→ 野菜を凝縮し食物繊維豊富な乾燥野菜など

カルシウム不足
→ 常温保存可能なロングライフ牛乳など

たんぱく質不足
→ たんぱく質豊富なコンビーフなど

乳製品・野菜・肉類が不足しがち

素のまま国産野菜 ごぼうと3種の野菜（国分グループ本社）

お菓子

お菓子は高カロリー、子どもが食べやすい、リラックス効果があるといった理由から防災食品に便利。

氷砂糖
口に含むと唾液の分泌を促すため、のどが渇きにくい。

ゼリー
常温保存可能。ビタミンを美味しく補給。

チョコペン
手を汚さずに食べられるだけでなく、味変にも使える。

普段食べ慣れたお菓子の備蓄を提案

意外とおすすめ

提案③ 場面別！いざという時に必要な食品

自然災害によって発生する停電など、いざという時に備えて用意するべき食品を改めて見直す。

自宅が停電したら困ること

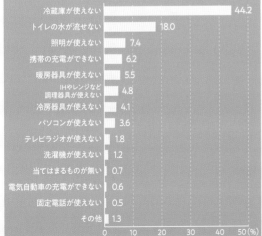

- 冷蔵庫が使えない 44.2
- トイレの水が流せない 18.0
- 照明が使えない 7.4
- 携帯の充電ができない 6.2
- 暖房器具が使えない 5.5
- IHやレンジなど調理器具が使えない 4.8
- 冷房器具が使えない 4.1
- パソコンが使えない 3.6
- テレビラジオが使えない 1.8
- 洗濯機が使えない 1.2
- 当てはまるものが無い 0.7
- 電気自動車の充電ができない 0.6
- 固定電話が使えない 0.5
- その他 1.3

0 10 20 30 40 50 (%)

出所：食の総合情報サイト ぐるっぱ
アンケート名：夏から秋の、食や暮らしに関するアンケート
調査方法：インターネット調査 調査期間：2022年11月25日～11月29日 対象回答者数：1,428人

停電発生時

冷暖房器具が使用できないため、夏場は熱中症対策、冬場は寒さ対策が必要。季節別にいざという時に備えた対策商品を訴求。

夏 熱中症対策
熱中症はめまい、けいれん、頭痛などを起こす。体内の水分や塩分を補給する商品（スポーツドリンク、ゼリー飲料等）の訴求が必要。

冬 寒さ対策
体の外側から温めるカイロなどの商品に加えて、体の内側から温めるインスタント食品（インスタントラーメン、カップスープ等）を訴求。

10月 October

今月の販促展開

●見て楽しい！食べて楽しい！
　イマドキハロウィンパーティー
●おでんと韓国鍋に注目！

2023年 記念日カレンダー

月	火	水	木	金	土	日
						1 コーヒーの日、日本茶の日、食物せんいの日、食文化の日、トンカツの日、醤油の日、日本酒の日
2 豆腐の日 スンドゥブの日	**3**	**4** イワシの日	**5** レモンの日	**6**	**7**	**8** そばの日、焼おにぎりの日、ようかんの日
9 ★スポーツの日	**10** お好み焼きの日、トマトの日、缶詰の日、マグロの日、おもちの日、肉だんごの日、冷凍めんの日	**11**	**12** 豆乳の日	**13** さつまいもの日 豆の日	**14** 焼うどんの日	**15** きのこの日 すき焼き通の日
16 世界食料デー	**17**	**18** 冷凍食品の日	**19**	**20** リサイクルの日	**21**	**22** ★秋土用の丑の日
23	**24**	**25** 世界パスタデー	**26** 柿の日 青汁の日	**27** ★十三夜	**28** おだしの日 豆花記念日	**29**
30 たまごかけごはんの日 食品ロス削減の日	**31** ハロウィン					

～ 10/8　秋の運動会

～ 10/22　秋の行楽シーズン

10/2 ～　冬のギフト（歳暮）

～ 10/22　秋の遠足・修学旅行

10/23 ～　七五三のお祝い

★ 10/21 ～　秋土用

★がついている記念日は年によって月日が変動
　スポーツの日：毎年10月の第2曜日
　十三夜：旧暦の9月13～14日にあたる
　秋土用丑の日：丑の日は十二支の「丑」にあたる日。
　　　　　　　　土用期間中の丑の日を「土用の丑の日」と呼ぶ

月のポイント

1 ハロウィン

　ハロウィンが平日に当たる年では、前週の週末に「おうちハロウィン」を楽しむ家庭も多いと考えられる。

2 おでん

　近年カウンターでの販売が縮小になるなど、コンビニおでんの販売方法は大きく変化している。そこで手作りおでんや簡便なパックおでんを提案したい。

年間平均に比べ10月によく食べられているメニュー※（特化度1.1以上）

主食	温かい汁うどん、炊き込みご飯、玄米ご飯、肉まん、コーンフレーク、味噌ラーメン、雑炊・おじや
汁物	豚汁、その他の中華風スープ、コーン以外のポタージュスープ
主菜	魚の塩焼き、かぼちゃの煮物・含め煮、おでん、寄せ鍋（味付けつゆの鍋）、チキンのクリームシチュー、ごぼう以外のきんぴら料理
副菜	レタス、キャベツ
菓子・デザート	－
飲料	アイスティー、トマトジュース

出所：㈱ライフスケープマーケティングの食MAP®データです。
※ 2017年～2021年10月 TI値合算の上位メニューをTI値順に記載（食卓機会：朝・昼・夕、TI値：5.0以上、特化度：1.1以上）
TI値：1,000食卓あたりの出現回数。　特化度：2017年1月～2021年12月のTI値合算に対する特化度。

10月によく売れるもの 👑

分類	総合	PI値	加工食品	PI値	チルド	PI値	冷凍食品	PI値
カテゴリー	紅茶飲料	3,123	その他コンビニエンスフード注1	375			冷凍ハンバーグ	587
	弁当	2,564	ポーションジャム	13			冷凍弁当用ハンバーグ	536
	チョコ系ポケット	1,836					冷凍和洋菓子	384
	ボトルタイプ（ガム）	1,182						
	冷凍ハンバーグ	587						

分類	日配品	PI値	菓子	PI値	飲料	PI値	酒類	PI値
カテゴリー	弁当	2,564	チョコ系ポケット	1,836	紅茶飲料	3,123	その他スピリッツ注3	60
	シェブルチーズ	1	ボトルタイプ（ガム）	1,182				
			ポケットキャンディ／キャラメル	543				
			粒ガム	436				
			その他スナック注2	281				

出所：㈱KSP-SPのKSP-POS（食品スーパー）をもとに国分グループ本社で集計
抽出期間：2021年1～12月、各月で年間1位のカテゴリー（細分類）上位5カテゴリーを、大分類ごとに提示
PI値：1カ月の店舗来店者1,000人当たりの購入金額
注1：主にもつ煮　注2：おさつスナック、チーズスナックなど　注3：主にしぶぬき用焼酎

週のポイント！

10/1	コーヒーの日、日本茶の日、食物せんいの日、食文化の日、トンカツの日、醤油の日
10/2	スンドゥブの日
10/4	イワシの日
10/5	レモンの日
10/8	そばの日、焼おにぎりの日、ようかんの日

Key Word

日本酒の日

10月1日は日本酒の日。若年層の日本酒離れが課題となっていることから、手に取りやすい甘口の日本酒や少量サイズの日本酒を打ち出し。一緒に楽しむおつまみも提案。

豆腐の日

10月2日は豆腐の日。スンドゥブの日でもあることから、売り場ではスンドゥブ鍋スープをクロス展開し、売上げを確保。鍋の〆は人気のチーズリゾットやラーメンで。

駅弁

チラシで各地の駅弁を取り扱う物産展の企画が目立つ。インスタントスープなどをクロス展開し、買い上げ点数アップ。駅弁の地域と合わせたご当地の汁物も合わせて。

年間52週中の支出金額順位

（　）は年間平均を1.00とした場合の指数

	内食	中食	外食	食費計
	15位	27位	16位	13位
	(0.99)	(0.97)	(1.13)	(1.01)
	平日 / 休日	平日 / 休日	平日 / 休日	平日 / 休日
	39位 / 17位	39位 / 31位	24位 / 11位	32位 / 11位

チラシテーマ

（　）は企業数：社

- 10/10 マグロの日（16）
- 秋の旬（13）
- 物産展・地方特集（8）
- メーカーフェア（7）
- 10/10 トマトの日（6）
- あったか（6）

週次金額PI値上位データ

特化度1.5以上

細分類	PI値	特化度
おでんセット	1,287	1.56
パーソナルアイスバー	1,133	1.57
ボトルタイプ（ガム）	846	2.43

週のポイント！

10/10	お好み焼きの日、缶詰の日、肉だんごの日、冷凍めんの日、トマトの日、まぐろの日
10/12	豆乳の日
10/13	さつまいもの日、豆の日
10/14	焼うどんの日
10/15	きのこの日、すき焼き通の日

Key Word

さつまいもの日

10月13日はさつまいもの日。品種によって食感などが異なるため、売り場では品種に合わせたメニューを提案。また、大学芋のたれなど関連品もクロス展開。

炊き込みご飯

この時期、炊き込みご飯の素［1.5倍］がよく売れ、秋らしいメニューとして注目される。簡便商材だけでなく、鮭やきのこなど手作り具材の需要も高まるため、POPで手作りを後押し。

シチュールウ

シチュールウ［1.2倍］は9月中旬から需要が立ち上がり、10月上旬もよく売れる。グラタンやクリーム煮などアレンジレシピのPOPで汎用性の高さをアピール。

年間52週中の支出金額順位

（　）は年間平均を1.00とした場合の指数

	内食	中食	外食	食費計
	49位	43位	22位	42位
	(0.95)	(0.94)	(1.05)	(0.96)
	平日 / 休日	平日 / 休日	平日 / 休日	平日 / 休日
	50位 / 44位	51位 / 26位	27位 / 18位	49位 / 25位

チラシテーマ

（　）は企業数：社

- 秋の旬（11）
- 10/13 さつまいもの日（10）
- 10/10 マグロの日（9）
- メーカーフェア（7）
- 鍋（6）
- 10/15 きのこの日（5）

週次金額PI値上位データ

特化度1.5以上

細分類	PI値	特化度
鍋物つゆ	4,623	1.65
シチュールウ	1,496	1.55
おでんセット	1,287	1.90
その他おでん関連品	1,149	1.75

10/16 〜 10/22

週のポイント！

10/16 世界食料デー
10/18 冷凍食品の日
10/20 リサイクルの日

 Key Word

鍋物

最低気温が10度前後となり、肌寒い日が増えて鍋需要が高まる。鍋物つゆは毎年トレンドを反映した商品が発売されるため、トレンドと絡めた紹介POPで提案。

冷凍食品の日

冷凍食品の商品の中でも特におかず類は、弁当だけでなく食事の主菜としても食べられている。さまざまな商品を楽しめるようまとめ買いを提案。

ボジョレー・ヌーヴォー準備

ボジョレー・ヌーヴォー解禁まで1カ月。家庭での消費を見越して予約受注を積極的に行う企業が目立つ。ボジョレー・ヌーヴォーと共に国産新酒の予約受注も強化。

年間52週中の支出金額順位
（ ）は年間平均を1.00とした場合の指数

内食	中食	外食	食費計
47位	39位	14位	30位
(0.95)	(0.94)	(1.14)	(0.97)

平日	休日	平日	休日	平日	休日	平日	休日
47位	35位	43位	23位	20位	4位	38位	12位

チラシテーマ
（ ）は企業数：社

- 秋の旬（11）
- 鍋（11）
- 丑の日（10）
- あったか（4）
- ごちそう（4）
- メニュー提案（4）

週次金額PI値上位データ
特化度1.5以上

細分類	PI値	特化度
鍋物つゆ	4,623	2.16
カップスープ	2,421	1.56
チルド中華饅頭	1,841	1.65
シチュールウ	1,496	1.91
おでんセット	1,287	2.30
その他おでん関連品	1,149	2.42

10/23 〜 10/31

週のポイント！

10/25 世界パスタデー
10/26 柿の日、青汁の日
10/27 十三夜
10/28 おだしの日、豆花記念日
10/31 ハロウィン

 Key Word

ハロウィン

家庭で楽しむハロウィンメニューは、ハロウィンカラーであるオレンジ色のサーモンを使用したサラダや手巻き寿司に、ドレッシングや寿司関連商材を合わせて展開。

十三夜

十三夜はこの時期収穫される栗にちなんで「栗名月」とも呼ばれる。あんみつなどの白玉スイーツに和栗の甘露煮をトッピングして、栗名月を楽しむ提案を。

世界パスタデー

パスタやペンネといった定番の商品の展開をはじめ、近年レシピサイトで話題となった手作りニョッキと合わせるソースの提案もおすすめ。

年間52週中の支出金額順位
（ ）は年間平均を1.00とした場合の指数

内食	中食	外食	食費計
48位	40位	13位	29位
(0.95)	(0.94)	(1.16)	(0.98)

平日	休日	平日	休日	平日	休日	平日	休日
45位	42位	31位	44位	7位	12位	27位	24位

チラシテーマ
（ ）は企業数：社

- 10/31ハロウィン（15）
- 秋の旬（9）
- 鍋（9）
- 物産展・地方特集（8）
- 駅弁・空弁・各地銘菓（7）
- メーカーフェア（6）

週次金額PI値上位データ
特化度1.5以上
ハロウィン

細分類	PI値	特化度
鍋物つゆ	4,623	1.90
チルド中華饅頭	1,841	1.68
シチュールウ	1,496	1.73
おでんセット	1,287	2.01
その他おでん関連品	1,149	2.15

10月の企画

メイン企画 ハロウィン

見て楽しい！食べて楽しい！ イマドキハロウィンパーティー

「おうちハロウィン」をテーマに、家庭で楽しむメニューを強化。チラシに多く登場するサーモンは和洋レシピで楽しみ方の幅を広げ、定番のかぼちゃは、さらに美味しく楽しむメニューを訴求。ドリンクでは SNS 映えに着目し、ハロウィンカラーのお酒&ノンアルを提案。

提案①　サーモンレシピ対決 ～洋風 vs 和風～

● ハロウィンカラーのオレンジであるサーモンを使った料理はハロウィンの代表メニュー。サーモンの打ち出しを強化し、メニュー展開を強化。

> サーモンは特に女性に人気

回転寿司で好きなネタ

全体

順位	ネタ	%
1	マグロ（中トロ）	49.3
2	サーモン	49.1
3	マグロ（赤身）	43.3
4	エビ	42.5
5	ハマチ・ブリ	40.9
6	イカ	40.6
7	甘エビ	34.8
8	イクラ	33.4
9	えんがわ	31.8
10	ネギトロ	30.4
11	マグロ（大トロ）	27.6
12	その他	24.6

男性

順位	ネタ	%
1	マグロ（中トロ）	57.6
2	マグロ（赤身）	52.1
3	イカ	45.9
4	ハマチ・ブリ	43.1
5	サーモン	40.9
6	エビ	40.9
7	えんがわ	35.9
8	甘エビ	32.6
9	マグロ（大トロ）	32.5
10	ネギトロ	30.6
11	イクラ	30.4
12	その他	23.2

女性

順位	ネタ	%
1	サーモン	54.5
2	マグロ（中トロ）	43.9
3	エビ	43.6
4	ハマチ・ブリ	39.4
5	マグロ（赤身）	37.5
6	イカ	37.0
7	甘エビ	36.3
8	イクラ	35.5
9	ネギトロ	30.3
10	えんがわ	29.1
11	その他	25.5
12	マグロ（大トロ）	24.4

出所：食の総合情報サイト ぐるっぱ／アンケート名：秋から冬の、食や暮らしに関するアンケート／調査方法：インターネット調査／調査期間：2022年11月25日～11月29日／対象回答者数：1462人（男性582人、女性880人）

メインディッシュ

ハロウィンらしい見た目にこだわったメニューを POP とともに訴求。

洋風　ハロウィン鮭シチュー
ごろごろ入ったサーモンに、パスタで作ったウインナーおばけ入り。
〔提案商品〕あらびきコショー、シチューのもと

VS

和風　ハロウィンサーモン手まり寿司
酢飯をサーモンで包んでかぼちゃに見立てて。写真映え抜群。
〔提案商品〕焼きのり、だし酢

おつまみ

時短、簡便に調理可能なカナッペを打ち出す。

洋風　アボカドサーモンの洋風カナッペ
アボカドとサーモンを大胆に盛り付け。
〔提案商品〕クラッカー、オリーブオイル、ハーブソルト

VS

和風　サーモンとクリームチーズの和風カナッペ
醤油とオリーブオイル、柚子胡椒がサーモンの旨味を引き立てる。
〔提案商品〕オリーブオイル、生醤油、柚子胡椒

サイドメニュー

時短、簡便に調理可能なサラダとカルパッチョを打ち出す。

洋風　ジャックオーランタンとサーモンのハロウィンサラダ
ジャックオーランタンの顔の形にかぼちゃサラダを盛り付け。
〔提案商品〕マヨネーズ、シーザードレッシング

VS

和風　ジャックオーランタンの和風カルパッチョ
ジャックオーランタントマトを添えればハロウィン風カルパッチョに。
〔提案商品〕薬味ミックス、ワサビドレッシング、ごま油

提案② かぼちゃをもっと楽しむ

ハロウィンの定番食材としてかぼちゃが人気だが、同時にかぼちゃに関する悩みも多数見受けられる。

ハロウィンで意識したこと

項目	%
かぼちゃを使った料理・デザートを食べた	93.3
ハロウィンパッケージの商品を食べた	33.7
子どもが喜ぶメニューにした	31.5
見た目が華やかなメニューにした	30.9
メニューにハロウィンカラーを取り入れた	30.3
メニューにハロウィンをイメージするデコレーションをした	22.5
食卓にハロウィンにちなんだ雑貨を使った	18.5
その他	9.0
特になし	90.4

出所：食の総合情報サイト ぐるっぱ　アンケート名：ハロウィンに関するアンケート
調査方法：インターネット調査　調査期間：2021年11月1日〜11月7日
対象回答者数：1,823人

かぼちゃのレシピが困る（50歳男性）

ハロウィンの食事で悩んだことに対するアンケートでは、かぼちゃメニューに悩む声が多く寄せられた

子どもはかぼちゃが嫌い（50歳女性）

出所：食の総合情報サイト ぐるっぱ　アンケート名：ハロウィンに関するアンケート
調査方法：インターネット調査　調査期間：2021年11月1日〜11月7日
対象回答者数：1,823人

レシピが思い浮かばないときに

まるごとかぼちゃ（坊ちゃんかぼちゃ）を使用した簡単かつ食卓を彩るメニュー提案。

POP例

ハロウィンといえば……**かぼちゃ！**
そんなあなたにおすすめ！
でも、レシピが思いつかないわ
まるごとかぼちゃを使用した簡単メニューはいかが？

まるごとかぼちゃの焼カレー

まるごとかぼちゃのグラタン

かぼちゃが苦手な子どもに

かぼちゃを使用した子どもが喜ぶデザートメニューを提案。

子どもの好きなデザートランキング

1位	アイスクリーム
2位	プリン
3位	チョコレートケーキ

出所：食の総合情報サイト ぐるっぱ
アンケート名：秋から冬の、食や暮らしに関するアンケート
調査方法：インターネット調査
調査期間：2022年11月25日〜11月29日
対象回答者数：881人

子ども喜ぶ
かぼちゃプリン

提案③ SNS映えハロウィンドリンク

ハロウィンに参加する多くの人はSNS映えを意識している。チラシ上での乾杯ドリンクは、ワインの提案が多い。

ハロウィンではSNS映えを意識している人が多い

※2022年2月時点

	投稿数	特徴
Instagram	#ハロウィン **637万件** #ハロウィンごはん **3.6万件**	・#ハロウィンでは、仮装した写真の投稿が多く見られた ・#ハロウィンごはんでは、おばけをモチーフに作った手まり寿司やソーセージとパスタで作るおばけウインナーの投稿が多数
Tik Tok	#ハロウィン **2億回再生** #ハロウィン弁当 **1,600万回再生**	・#ハロウィンでは、仮装しながら曲に合わせてダンスする動画が多く見られていた ・#ハロウィン弁当では、キャラ弁やジャックオーランタンをモチーフとした弁当など凝った弁当の数々が見られていた

自分で作るドリンク

ハロウィンを意識したオレンジ色、赤色、紫色など"色"がSNS映えするドリンク。

アルコール

カシス × オレンジジュース
バタフライピー × ソーダ

グラデーションが映える

オレンジ色や赤色が映える

ノンアルコール

サングリア

SNS映えハロウィンドリンク

SNS映えするラベルが目を引く

アポシック 赤
（国分グループ本社）

ハロウィンデザインのラベルが映えること間違いなし

キュヴェ・ミティーク赤20年リミテッド・エディション
（国分グループ本社）

第4のワイン"オレンジワイン"

ヌーヴェル・セレクション
イヴ・アンベルグ／N6ナチュール

スキマ企画 おでんと鍋

おでんと韓国鍋に注目！

コロナ禍における鍋シーズンは、家庭でレトルトおでんや手作りおでんを食べる人が増えた。おでんをはじめとして、トレンドを取り入れた鍋で家族団らんを盛り上げる。

手作りおでん　材料使用率の経年変化

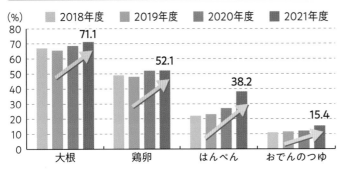

凡例：2018年度　2019年度　2020年度　2021年度

大根 71.1／鶏卵 52.1／はんぺん 38.2／おでんのつゆ 15.4

手作りおでんの材料の大根・卵・はんぺん・おでんのつゆは、使用率が上昇傾向。

出所：㈱ライフスケープマーケティングの食 MAP® データです
データ取得期間：
2018年:18年9月〜19年2月計、2019年:19年9月〜2020年2月計、2020年:20年9月〜21年2月計、2021年:21年9月〜22年1月計
メニュー詳細分類：「おでん」
食卓機会：夕食
※「おでんのつゆ」は粉末のおでんの素を含む

提案① 手作りおでんのすすめ！

手作りおでんは年々増加している。しかしながら、おでんを作る際の困りごとも多い。そこで、困りごとを解決する提案をして、さらなる需要拡大を目指す。

家庭でおでんを作る時の困りごと

順位	ワード	件数
1	（味が染みるまでに）時間がかかる	23
2	作りすぎてしまう	18
3	味が決まらない、味付け	11
4	手間がかかる	5
5	鍋が小さい	4

出所：㈱プラスアルファ・コンサルティング「見える化エンジン」瞬速リサーチ情報の自社集計
調査期間：2022年2月4日〜2月11日
対象回答者数：1,413人

時短おでん

困りごと第1位　おでんを短時間で作るコツを紹介して、手作りのハードルを下げる。

POP例　時短おでん　約30分でできる「味しみ大根」
①大根に十字の隠し包丁を入れる
②電子レンジで3分加熱
③他の具材と共に鍋に入れて、火を通す
④火を止めて冷ますと、より味が染みる

時短テクニック レンジを使った

リメイク

困りごと第2位　余りがちなおでんのアレンジを紹介し、最後まで美味しく食べる。

POP例　おでんを作りすぎちゃった！でも安心！最後まで美味しく食べきるアレンジメニュー！
カレーうどん、グラタン etc……

炊き込みご飯やクリームシチューも

隠し味と具材

困りごと第3位　出汁のおいしさをアップする調味料や具材を訴求。

POP例　ちょい足しで　絶品おでん出汁に変身！
・オイスターソース 魚介エキスで旨味UP
・ウスターソース スパイスと甘味で旨味UP
・コンソメ 野菜エキスで旨味UP

意外な調味料の提案もして買い上げ点数アップ

提案② トレンドは韓国鍋！

韓国ブームは継続しており、韓国料理のブームも依然続いている。韓国の辛い鍋に注目したい。

鍋人気ランキング

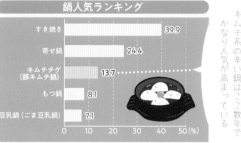

	(%)
すき焼き	39.9
寄せ鍋	24.4
キムチチゲ（豚キムチ鍋）	13.7
もつ鍋	8.1
豆乳鍋（ごま豆乳鍋）	7.1

キムチ系の辛い鍋はここ数年でかなり人気が高まっている

出所：食の総合情報サイトぐるっぱ
アンケート名：秋から冬の、食や暮らしに関するアンケート
調査方法：インターネット調査
調査期間：2022年11月25日〜11月29日
対象回答者数：1,462人（上位5位まで）

シメも韓国食材で統一

シメまで韓国食材を使って、丸ごと韓国鍋を楽しむ。

・サリ麺
韓国定番のインスタントラーメン。
鍋のスープで煮て食べる。

販売金額が伸長しているため、訴求を強化したい

・辛ラーメン
辛いものが好きな人におすすめ。
とろけるチーズや粉チーズを追加すると辛みがマイルドに。

「ロゼ風トッポギ」はSNS上で話題

・辛みが絡む餅
辛いスープがよく絡むトッポギやトック（餅）を入れる提案。鍋用の専用品がおすすめ。

手作り鍋

人気の韓国料理の中から、
外食を中心に話題の辛い鍋を紹介。

コプチャンチョンゴル（韓国モツ鍋）

売り場	おすすめ具材
青果	キャベツ、玉ねぎ、じゃがいも、ニラ、えのき、にんにくなど
精肉	牛モツ（小腸など）
日配	豆腐
加工食品	キムチ鍋の素、辛鍋つゆ、コチュジャン、きざみにんにくなど

キムチ鍋の素やコチュジャンを使って、辛味をつける

ナッコプセ

売り場	おすすめ具材
青果	キャベツ、玉ねぎ、ニラ、にんにくなど
精肉	牛モツ（小腸など）
鮮魚	タコ、エビ、イカ
加工食品	キムチ鍋の素、辛鍋つゆ、春雨、コチュジャン、ダシダ、唐辛子、きざみにんにくなど

「ナッコプセ」はモツ、タコ、イカを使った辛鍋

提案③ 鍋と相性ぴったりのお酒

鍋と一緒に日本酒がよく飲まれており、相性はぴったりといえる。

鍋料理との同時出現メニューランキング

分析対象メニュー出現回数：6,625

順位	メニュー詳細分類	①同時出現率	②同時出現TI値	③期間中TI値	②÷③特化度
1	ご飯	51.79%	517.89	509.43	1.02
2	ビール	25.54%	255.40	202.03	1.26
3	麦茶	22.91%	229.13	279.19	0.82
4	緑茶・煎茶・番茶	15.11%	151.09	151.40	1.00
5	チューハイ	11.18%	111.85	77.99	1.43
6	日本酒	7.68%	76.83	30.99	2.48
7	納豆	7.53%	75.32	103.56	0.73
8	味噌汁	7.14%	71.40	310.48	0.23
9	ミネラルウオーター	6.26%	62.64	65.46	0.96
10	焼酎	5.63%	56.30	40.58	1.39

上位10メニューのうち酒類が4種占め、なかでも日本酒がもっとも特化度が高い

出所：㈱ライフスケープマーケティングの食MAP®データです
期間：2020年12月1日〜2021年11月30日　食卓機会：夕食
詳細分類：おでん、和風鍋、水炊き・ちり鍋、寄せ鍋（味付けつゆの鍋）、キムチ鍋・チゲ、豆乳鍋、すき焼き

おでんの他、日常的に食べられることの多い塩味や醤油味の鍋もランクイン

日本酒に合うと思う鍋

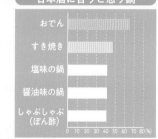

	(%)
おでん	
すき焼き	
塩味の鍋	
醤油味の鍋	
しゃぶしゃぶ（ぽん酢）	

出所：食の総合情報サイトぐるっぱ
アンケート名：鍋とお酒の組み合わせについてのアンケート
調査方法：インターネット調査
調査期間：2020年3月19日〜3月25日
対象回答者数：1,330人

「食と日本酒のマッチングシステム」を使ったペアリング提案

国分グループ本社が所有する「食と日本酒のマッチングシステム」で各種鍋と相性の良い日本酒を提案。

11月 November

今月の販促展開

- ●チーズ＆シーフードで
  おしゃれに楽しむボジョレー
- ●この冬を元気に過ごすためのホットメニュー

2023年 記念日カレンダー

月	火	水	木	金	土	日
		1 紅茶の日、玄米茶の日 全国すしの日 本格焼酎の日・泡盛の日	**2**	**3** 文化の日 みかんの日 サンドイッチの日 高野豆腐の日	**4**	**5** いいりんごの日
					～ 11/15　七五三のお祝い	
		★ ～11/7　秋土用				
6	**7** ★秋の節分、鍋の日 もつ鍋の日 腸温活の日 ココアの日	**8** ★立冬	**9**	**10**	**11** チーズの日、鮭の日、ピーナッツの日 豚饅の日、めんの日、もやしの日 きりたんぽの日、ラ・フランスの日 ポッキー＆プリッツの日	**12**
		冬のギフト（歳暮）				
13	**14**	**15** 七五三 のど飴の日 かまぼこの日 昆布の日	**16** ★ボジョレー・ ヌーヴォー解禁	**17** 蓮根の日	**18**	**19** 家族の日
20 ピザの日 いいかんぶつの日	**21** フライドチキンの日 かきフライの日	**22** ★小雪 いい夫婦の日	**23** 勤労感謝の日 お赤飯の日 牡蠣の日 珍味の日	**24** ★ブラックフライデー 和食の日 鰹節の日	**25**	**26** いいプルーンの日
				11/24～　忘年会シーズン		
27	**28**	**29** いい肉の日 いいフグの日	**30** 本みりんの日			
11/27～　冬のボーナス						

★がついている記念日は年によって月日が変動
秋土用：立冬の前の18日間
秋の節分：立冬の前日
立冬：二十四節気の一つ。毎年11月7日ごろ
ボジョレー・ヌーヴォー：11月の第3木曜日が解禁日
小雪：二十四節気の一つ。毎年11月22日ごろ
ブラックフライデー：11月の第4木曜日の翌日

月のポイント

1 ボジョレー・ヌーヴォー解禁

近年、各企業ではボジョレー・ヌーヴォーだけでなくワイン全体を楽しむ日として提案する動きが見られる。

2 ホットメニュー

寒さが一段と増して体調を崩しやすい時期になり、ホットメニューの需要が高まる。

年間平均に比べ11月によく食べられているメニュー※（特化度1.1以上）

主食	温かい汁うどん、玄米ご飯、肉まん、雑炊・おじや、お茶漬け、味噌ラーメン、温かい汁そば
汁物	コーンポタージュスープ、豚汁、その他の中華風スープ、コーン以外のポタージュスープ
主菜	おでん、魚の塩焼き、かぼちゃの煮物・含め煮、寄せ鍋（味付けつゆの鍋）、大根の煮物・含め煮、チキンのクリームシチュー、ごぼう以外のきんぴら料理、和風鍋、里芋の煮物、その他の野菜の和風煮物
副菜	茹でブロッコリー、キャベツ、白菜漬け、大根サラダ
菓子・デザート	アイスクリーム
飲料	コーヒー、紅茶、ほうじ茶、ココア

出所：㈱ライフスケープマーケティングの食MAP®データです。
※ 2017年～2021年11月 TI値合算の上位メニューをTI値順に記載（食卓機会：朝・昼・夕、TI値：5.0以上、特化度：1.1以上）
TI値：1,000食卓あたりの出現回数。　特化度：2017年1月～2021年12月のTI値合算に対する特化度。

11月によく売れるもの

分類	総合	PI値	加工食品	PI値	チルド	PI値	冷凍食品	PI値
カテゴリー	鍋物つゆ	9,452	鍋物つゆ	9,452	チルド鍋物類	876	冷凍肉まん、あんまん	427
	揚げ物	7,473	シチュールウ	2,439	チルドグラタン・ドリア	161	冷凍洋風惣菜	167
	乳酸菌飲料	6,081	無添加味噌	1,990	チルド洋風スープ	125		
	ちくわ	5,093	魚肉加工品	248	チルド中華・アジア風スープ	106		
	輸入スティルワイン	4,991	中華麺（乾麺）	184				

分類	日配品	PI値	菓子	PI値	飲料	PI値	酒類	PI値
カテゴリー	揚げ物	7,473	地飴／ベーシック飴袋	1,917	乳酸菌飲料	6,081	輸入スティルワイン	4,991
	ちくわ	5,093	チョコがけ、センターインチョコ	1,422				
	ポーションチーズ	3,890	かりんとう	1,374				
	その他おでん関連品注1	2,665	女子玩具菓子	469				
	飯類惣菜	336	プレッツェル	386				

出所：㈱KSP-SPのKSP-POS（食品スーパー）をもとに国分グループ本社で集計
抽出期間：2021年1～12月、各月で年間1位のカテゴリー（細分類）上位5カテゴリーを、大分類ごとに提示
PI値：1カ月の店舗来店者1,000人当たりの購入金額
注1：おでんだねの巾着、いわし、エビなど

週のポイント！

11/1 　紅茶の日、
玄米茶の日、全国すしの日、
本格焼酎の日・泡盛の日

11/3 　みかんの日、
サンドイッチの日、
高野豆腐の日

11/5 　いいりんごの日

Key Word

本格焼酎の日・泡盛の日 ●・・・・・・・・・・・・・・

11月1日は本格焼酎の日・泡盛の日。泡盛の産地である沖縄にちなんで売り場では「泡盛でカリー（沖縄の方言で「乾杯」）」といったPOPをつけて、泡盛の打ち出しを強化。

クリスマス菓子 ●・・・・・・・・・・・・・・

ハロウィンが終わり、クリスマス用キャラクター菓子［3.0倍］などクリスマス菓子の需要が大きくなる。クリスマス当日までこの需要は続くため、クリスマスブーツの展開やクリスマスを演出する装飾で売り場の切り替えを実施。

年間52週中の支出金額順位
（ ）は年間平均を1.00とした場合の指数

内食	中食	外食	食費計
10位	13位	3位	5位
(1.02)	(1.02)	(1.35)	(1.06)

平日	休日	平日	休日	平日	休日	平日	休日
10位	27位	15位	24位	5位	13位	7位	21位

チラシテーマ
（ ）は企業数：社

・鍋（9）
・メーカーフェア（7）
・11/1 全国すしの日（5）
・メニュー提案（5）
・駅弁・空弁・各地銘菓（5）
・メーカーフェア（4）

週次金額PI値上位データ
特化度1.5以上

細分類	PI値	特化度
鍋物つゆ	4,623	2.01
チルド中華饅頭	1,841	1.70
おでんセット	1,287	2.01
その他おでん関連品	1,149	2.12
チョコがけ、センターインチョコ	841	1.94

週のポイント！

11/7 　鍋の日、
もつ鍋の日、
腸温活の日、
ココアの日

11/11
チーズの日、鮭の日、
ピーナッツの日、豚饅の日、
めんの日、もやしの日、
きりたんぽの日、
ポッキー＆プリッツの日、
ラ・フランスの日

Key Word

チーズの日 ●・・・・・・・・・・・・・・

チーズは6年連続で消費量が過去最高を更新しており人気の高さがうかがえる。11月、12月が最需要期になるワインに合わせて楽しむおつまみチーズの提案を強化。チーズスイーツでは、コンビニ各社で新商品が続々と発売されるなど近年注目を集めるチーズテリーヌの提案もおすすめ。

国産新酒 ●・・・・・・・・・・・・・・

11月は国産新酒が店頭に並び始める時期。例年、11月と12月のワイン購入金額は、2カ月で年間の約1/4を占めており、ワインの最需要期となる。100％日本産ぶどうを使用した日本ワインJWINE※の打ち出しなど、次週のボジョレー週に先駆け、ワイン売り場を盛り上げる。

※「JWINE」とは、2013年に立ち上げた国分グループオリジナルのワインブランドで、すべて100％日本産ぶどうを使用した日本ワインのこと。

年間52週中の支出金額順位
（ ）は年間平均を1.00とした場合の指数

内食	中食	外食	食費計
50位	44位	18位	40位
(0.94)	(0.93)	(1.11)	(0.96)

平日	休日	平日	休日	平日	休日	平日	休日
49位	47位	49位	14位	19位	6位	42位	21位

チラシテーマ
（ ）は企業数：社

・11/15 七五三（11）
・11/11 鮭の日（10）
・11/11 ポッキー＆
　　　　プリッツの日（8）
・メーカーフェア（8）
・鍋（8）
・物産展・地方特集（8）

週次金額PI値上位データ
特化度1.5以上

細分類	PI値	特化度
鍋物つゆ	4,623	2.12
弁当	2,112	1.80
チルド中華饅頭	1,841	1.74
シチュールウ	1,496	1.62
おでんセット	1,287	2.12
その他おでん関連品	1,149	2.38

11/13 ～ 11/19

週のポイント！

11/15 のど飴の日、
かまぼこの日、
昆布の日

11/16 ボジョレー・
ヌーヴォー解禁

11/17 蓮根の日

11/19 家族の日

🔑 Key Word

ボジョレー・ヌーヴォー解禁

ワイン全体を楽しむ日として打ち出す企業が増えている。チーズやナッツなど定番のおつまみをクロス展開し、手軽にペアリングを楽しむ提案がおすすめ。

オードブル

クラッカーとサーモン、アボカドなどを使った「ボジョレーを引き立てるカンタンおつまみ」をPOPで提案。

七五三

11月15日は七五三。ごちそうに加えて、小さな子どもが好きなピザや唐揚げなど手作り・惣菜の両方で打ち出し。

年間52週中の支出金額順位
( ) は年間平均を1.00とした場合の指数

内食	中食	外食	食費計
22 位	25 位	9 位	12 位
(0.99)	(0.98)	(1.19)	(1.01)

平日	休日	平日	休日	平日	休日	平日	休日
29 位	13 位	34 位	7 位	13 位	2 位	22 位	8 位

チラシテーマ
( ) は企業数：社

・ボジョレー・ヌーヴォー（17）
・11/15 七五三（7）
・メーカーフェア（6）
・メニュー提案（6）
・鍋（6）
・物産展・地方特集（6）

週次金額PI値上位データ
特化度1.5以上
ボジョレー・ヌーヴォー

細分類	PI値	特化度
鍋物つゆ	4,623	1.92
輸入スティルワイン	3,538	2.47
チルド中華饅頭	1,841	1.65
シチュールウ	1,496	1.69
おでんセット	1,287	1.96
その他おでん関連品	1,149	2.28

11/20 ～ 11/30

週のポイント！

11/20 ピザの日、
いいかんぶつの日

11/21 カキフライの日

11/23 勤労感謝の日、
お赤飯の日、珍味の日

11/24 和食の日、
鰹節の日

11/26 いいプルーンの日

11/29 いい肉の日

11/30 本みりんの日

🔑 Key Word

いい夫婦の日

ボジョレー・ヌーヴォー解禁もあり、11月22日のいい夫婦の日は豪華なビーフシチューなどとともに夫婦でゆっくりワインを楽しむ提案がおすすめ。

牡 蠣

11月21日のかきフライの日、23日の牡蠣の日など「牡蠣Week」として、手作り・惣菜ともに牡蠣メニューを打ち出し。

いい肉の日

11月29日はいい肉の日。給料日後で内食への支出が高まるタイミングでもあるため、ランクアップした肉の打ち出しを強化。

年間52週中の支出金額順位
( ) は年間平均を1.00とした場合の指数

内食	中食	外食	食費計
17 位	50 位	5 位	11 位
(0.99)	(0.92)	(1.30)	(1.02)

平日	休日	平日	休日	平日	休日	平日	休日
14 位	29 位	40 位	50 位	4 位	14 位	6 位	19 位

チラシテーマ
( ) は企業数：社

・鍋（10）
・メーカーフェア（7）
・駅弁・空弁・各地銘菓（7）
・メニュー提案（6）
・物産展・地方特集（6）
・ブラックフライデー（5）

週次金額PI値上位データ
特化度1.5以上

細分類	PI値	特化度
鍋物つゆ	4,623	2.25
糸蒟蒻	1,972	1.53
チルド中華饅頭	1,841	1.89
シチュールウ	1,496	1.81
おでんセット	1,287	2.20
ビールギフト	1,266	1.78

11月の企画

メイン企画 ボジョレー・ヌーヴォー

チーズ＆シーフードで おしゃれに楽しむボジョレー

11、12月のワイン購入金額は年間の約1/4を占めており、しかも、ワインの消費量は高止まり傾向にある。家飲み需要も定着したことから、ボジョレーを飲む理由の上位「イベント性」「ワインが好き」に注目し、特別感があり家でワインをおいしく楽しめる食事、おつまみを提案する。

ワイン販売金額推移（2003~2021年）

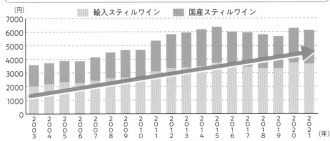

（円）
凡例：輸入スティルワイン　国産スティルワイン

7000 / 6000 / 5000 / 4000 / 3000 / 2000 / 1000 / 0

2003 2004 2005 2006 2007 2008 2009 2010 2011 2012 2013 2014 2015 2016 2017 2018 2019 2020 2021（年）

小売業のワインの販売金額はこの19年で約1.7倍に伸長し、高止まり傾向。

出所：(株)KSP-SPのKSP-POS（食品スーパー）を基に国分グループ本社で集計
期間：2003年～2021年　金額PI値

ワインの購入金額　月別比較

1月 8.6% / 2月 8.2% / 3月 8.2% / 4月 8.0% / 5月 9.0% / 6月 7.3% / 7月 6.8% / 8月 7.2% / 9月 7.3% / 10月 7.7% / 11月 9.5% / 12月 12.2%

11、12月のワイン購入金額は年間の購入金額の約23%（2021年）を占めている。

出所：(株)KSP-SPのKSP-POS（食品スーパー）を基に国分グループ本社で集計
期間：2021年1～12月　エリア：首都圏　KSP商品分類（中分類）：果実酒

提案① サーモン＆牡蠣のおつまみでおうちバルを楽しむ

家飲みを楽しくする工夫

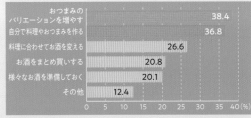

おつまみのバリエーションを増やす	38.4
自分で料理やおつまみを作る	36.8
料理に合わせてお酒を変える	26.6
お酒をまとめ買いする	20.8
様々なお酒を準備しておく	20.1
その他	12.4

0 5 10 15 20 25 30 35 40（%）

出所：食の総合情報サイトぐるっぱ　アンケート名：秋から冬の、食や暮らしに関するアンケート　調査方法：インターネット調査　調査期間：2022年11月25日～11月29日　対象回答者数：1,082人

● ボジョレー・ヌーヴォーと相性の良い魚介類に注目。「おうちバル」人気でおしゃれな家飲みにチャンス。

記念日の牡蠣

ボジョレーのチラシで訴求が多い牡蠣を使ったおつまみを、記念日に絡めて提案。

日付	曜日	記念日
16日	木	ボジョレー・ヌーヴォー解禁日
17日	金	
18日	土	
19日	日	
20日	月	
21日	火	かきフライの日
22日	水	
23日	木	牡蠣の日

ボジョレー・ヌーヴォー解禁後も、記念日に絡めた打ち出しのチャンス！

人気のサーモン

スモークサーモン、刺身、切身それぞれのレシピでおつまみのバリエーションを広げる。

スモークサーモン
ポテトサラダ巻き
うずまきスモークサーモンロール

刺身用サーモン
サラダ風カルパッチョ
サーモンのタルタル

サーモンの切身
ガーリックバター焼き、チーズ焼き

サーモンを使ったバル風おつまみ

生牡蠣
生牡蠣のアヒージョ、牡蠣の香草パン粉焼き

惣菜の牡蠣フライ
タルタルソース

牡蠣の缶詰
ワインに合う牡蠣の缶つま、牡蠣のベーコン巻き

牡蠣を使ったバル風おつまみ

K&K 缶つま
広島県産 焼かきレモン黒胡椒味
（国分グループ本社）

126

提案② チーズをとことん楽しむ

ボジョレー・ヌーヴォーを囲む食卓は、チーズがよく登場している。家飲みのおつまみとしても人気が高く、提案は必須。

赤ワインとの食卓同時出現ランキング

順位	メニュー詳細分類	同時出現率	特化度
1位	チーズそのまま	32%	**9.0**
1位	ビール	32%	**1.7**
3位	ご飯	28%	0.6
4位	麦茶	22%	0.9
5位	ミックス野菜サラダ	18%	1.2

夕食では、赤ワインと一緒にチーズがもっとも多く出現

解禁日から週末にかけての夕食では、赤ワインと一緒に

出所：㈱ライフスケープマーケティングの食MAP®データです
データ取得期間：2021年11月18～21日（ボジョレー・ヌーヴォー解禁日～週末）
メニュー詳細分類：「赤ワイン」
食卓機会：夕食

家飲みで良く食べるおつまみ

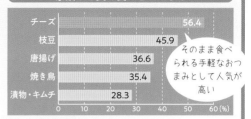

そのまま食べられる手軽なおつまみとして人気が高い

出所：食の総合情報サイトぐるっぱ
アンケート名：秋から冬の、食や暮らしに関するアンケート
調査方法：インターネット調査
調査期間：2022年11月25日～11月29日
対象回答者数：1,082人

前菜・おつまみ

ナチュラルチーズを使ったおつまみと、赤ワインとの同時出現が高いサラダを紹介。

簡単チーズおつまみ

- **チーズのピンチョス** 基本
  一口サイズに切ったチーズに、ナッツをのせ、はちみつやメープルシロップをかけるだけ。

- **デーツ×チーズ** トレンド
  "スーパーフード"として注目されているデーツはドライフルーツの1種でワインに合う。

- **市販のおつまみに一工夫** アレンジ
  市販のおつまみ向けチーズは、そのまま食べられるのでおすすめ。

ブッラータのサラダ

- **トマトとブッラータのカプレーゼ**
  簡単にできて、かつ華やかな前菜になる。

- **季節のフルーツとブッラータのサラダ**
  旬の柿やぶどう、梨などのフルーツと相性ぴったり！

※ブッラータとはイタリア語で「バターのような」という意味。バターのようにクリーミーで濃厚なチーズ。

メイン料理になるおつまみ

組み合わせが人気のチーズメニューをコース形式で提案し、楽しみ方の幅を広げる。

フランスパン×チーズ

- **チーズフォンデュ** 基本 トレンド
  気温が下がる11月末にぴったり。基本のほかちょい足しでよりワインに合うアレンジも。

- **マヌルパン** 基本
  「マヌル」とは韓国語でニンニクの意味で進化系ガーリックパンのこと。

- **ブルスケッタ** アレンジ
  自由にトッピングできるため、ワインと相性の良いおすすめの組み合わせを紹介。

ピザ×チーズ

- **冷凍ピザに好みの具材をプラス**
  簡単にできて、かつ華やかな前菜になる。

- **手作りピザ** 基本
  ピザ生地とピザソース、具をクロス展開して、買い上げ点数アップ。

クワトロフォルマッジはおすすめ

提案③ 人気のチーズスイーツ

デザートでもチーズを楽しむ。トレンドのチーズスイーツとワインに合うチーズケーキを紹介。

カッサータ トレンド

リコッタチーズの代わりに、手に入りやすいクリームチーズで作るレシピを紹介。

ボジョレーに合う！ベリーチーズケーキ アレンジ

- **市販のチーズケーキにジャム、フルーツをトッピング**
  ジャムやブルーベリーなどベリー系の缶詰をトッピングするとおしゃれ。

- **トースターで作れる！簡単ベリーチーズケーキ**
  クリームチーズに砂糖、卵、ヨーグルト、薄力粉を混ぜ、冷凍やブルーベリーなどベリー系の缶詰を載せてトースターで15分。

POP例

トレンド!!
ボジョレーに合う チーズスイーツ
カッサータ
チーズ、ドライフルーツ、ナッツが入ったワインにピッタリのイタリアンアイス！

レシピはこちら→

この冬を元気に過ごすための
ホットメニュー

　11月は上旬に立冬を迎えて暦の上では冬になるなど寒さが本格化し、体調を崩しやすい時期。さらに、コロナ禍以降、健康意識が高まっており、健康への関心は高いと考えられる。そこで、冬を元気に過ごすためのホットメニューとして、3つの観点から健康を後押しする提案を行う。

提案① 野菜たっぷりメニューで元気に！

● コロナ禍での生活が長期化する中、健康意識は継続して高まっている。栄養バランスのとれた食事を心がけている人も多い。

普段野菜をとるように心がけているか

- 実践できている 57%
- 難しい・できない 28%
- 気にしていない 15%

約6割の人が野菜をよく食べるようにしていると回答。野菜をたくさん摂れるメニューへの注目度は高いと考えられる。

出所：「健康と食、栄養に関する調査」
（2022年11月）㈱リンクアンドコミュニケーション、国分グループ本社㈱共同アンケート

洋風スープの検索ユーザー数

ミネストローネ	410,100
ポタージュ	
クラムチャウダー	
コーンスープ	
オニオンスープ	

（横軸：0　100,000　200,000　300,000　400,000　500,000）

洋風スープでは、ミネストローネが最も検索ユーザー数が多い。

出所：㈱ヴァリューズ分析ツール「Dockpit」の分析に基づく
期間：2021年9月〜2022年2月
データ：検索ユーザー数

※ミネストローネはイタリア語で「具だくさんのスープ」の意味。野菜がたくさん入っている。

シチュー×旬野菜

旬野菜の栄養価に注目。特に栄養面でおすすめの白菜とブロッコリーを使ったレシピを提案。

白菜

ビタミンC、食物繊維が豊富でカリウムなどのミネラル類も含まれる。カロリーが低いのも特徴。

ブロッコリー

ブロッコリーに含まれる栄養素の量は、野菜の中でもトップクラス。栄養豊富な野菜。

POP例

シチューは冬の定番で野菜がたっぷり

旬野菜は栄養豊富で安価になりやすい

イチオシは白菜・ブロッコリー

だから！
旬野菜のシチューがおすすめ！

ミネストローネ

スープの中でも人気のミネストローネを、野菜がたっぷり摂れる簡便メニューとして提案。

POP例

野菜ジュースで栄養もっとプラス

豆でたんぱく質プラス

好きな野菜ランキング

順位	野菜
1位	トマト
2位	キャベツ
3位	ナス
4位	玉ねぎ
5位	キュウリ

〔提案商品〕ミネストローネ用ソース、大豆水煮、トマトジュース

出所：食の総合情報サイトぐるっぱ
アンケート名：好きな野菜アンケート
調査方法：インターネット調査
調査期間：2018年9月1日〜9月26日
対象回答者数：1,308人（好きな野菜5つまで）

3ステップでできる！
実は手軽な ミネストローネ

STEP 1	STEP 2	STEP 3
切る	煮込む	味付け

豆をプラスでたんぱく質も◎

レシピはこちら

サンプル

提案② オートミールで体の中から温めて元気に

オートミールは昨今、急速に市場が拡大している。オートミールに含まれる栄養素やカロリーなど、そのヘルシーさに注目。

オートミールの認知度

オートミールの認知度は9割と高い。そのうち約半数の人が食べたことがあると回答。

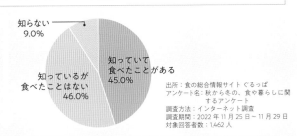

知らない 9.0%

知っているが食べたことはない 46.0%

知っていて食べたことがある 45.0%

出所:食の総合情報サイト ぐるっぱ
アンケート名:秋から冬の、食や暮らしに関するアンケート
調査方法:インターネット調査
調査期間:2022年11月25日～11月29日
対象回答者数:1,462人

知っていて食べたことがある人とない人それぞれ一定数いるため、2つのターゲットがいる。

オートミール×即食商品

食べたことがない人が気軽に試せる提案として、商品が増えている即食商品を打ち出し。

POP例

今話題の**オートミール**とは……

オーツ麦を食べやすく加工したもの。低糖質低カロリー、食物繊維豊富☆温かくて気軽に試せる商品揃ってます!

oatmeal SOUP

レンジ(600w)1分で完成!
朝時間がなくても
しっかり食べたいあなたへ

食べたことがない人向けにトライアルを促す

オートミール×自分好み

すでに食べている人に向けて、冬でも楽しめる温かい食べ方を提案。

市場が拡大しているオートミールはプレーンタイプが主流のため、すでに食べている人は自分でアレンジして食べていると考えられる。

袋スープでリゾット

POP例

袋スープで **オートミールリゾット** 3分でできる!

● お好みの袋スープ
● 指定+20ml程度の水
● オートミール 30g

テレワークの昼食にも!

混ぜて電子レンジ(600w)
1.5～2分で完成!

ベイクドオーツ

オートミールとミルク類などを混ぜてオーブンで焼いたもの。甘みをつけるためスイーツのような味わい。

TikTokで注目

提案③ ホットワインで体ぽかぽか元気に

ホットワインとして飲むおすすめワインとともに、より美味しく飲む提案としてフルーツやスパイスを紹介。

秋・冬の冷え対策はなにをしているか

冷え対策として、食事以上に飲み物を選んでいる。

湯船に入る	58.1
体を温めるものを飲む	56.8
靴下や腹巻を着る	52.8
体を温めるものを食べる	50.1
湯たんぽやカイロを使う	31.3
何もしていない	8.3
その他	3.9

0 10 20 30 40 50 60(%)

出所:食の総合情報サイト ぐるっぱ
アンケート名:秋から冬の、食や暮らしに関するアンケート
調査方法:インターネット調査
調査期間:2022年11月25日～11月29日 対象回答者数:1,462人

POP例

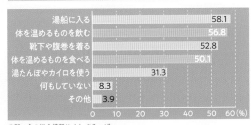

ホットワインにおすすめ

『シナモン』

エキゾチックな甘い香り。スティックは折ってから入れましょう。

おすすめスパイス

おすすめフルーツ

おすすめ国分ワイン

紅まどんな

(右)KWVケープ・ルージュ 赤
(左)にっぽんの果実 愛媛県産紅まどんな(国分グループ本社)

「ホットワイン」「グリューワイン」検索ユーザー年代割合

ホットワインの検索ユーザーはネット利用者の平均より特に20～30代が多い。

ネット利用者
キーワード検索ユーザー

25
20
15
10
5
0
10代 20代 30代 40代 50代 60代 70代以上

出所:㈱ヴァリューズ分析ルーツ「Dockpit」の分析に基づく
期間:2021年2月～22年1月
データ:「ホットワイン」「グリューワイン」検索ユーザー年代別

● **若年層へのアプローチ**として有効
● ホットワインは冬キャンプで人気のドリンク **トレンドのキャンプにも**提案できる
● 近年日本でもクリスマスマーケットで提供し定着しつつある。**クリスマスに向けて**もおすすめ

12月 December

●クリスマスの食卓をアップデート！
　～おうちクリスマスをさらに盛り上げマス～
●伝統×革新の年末年始

2023年 記念日カレンダー

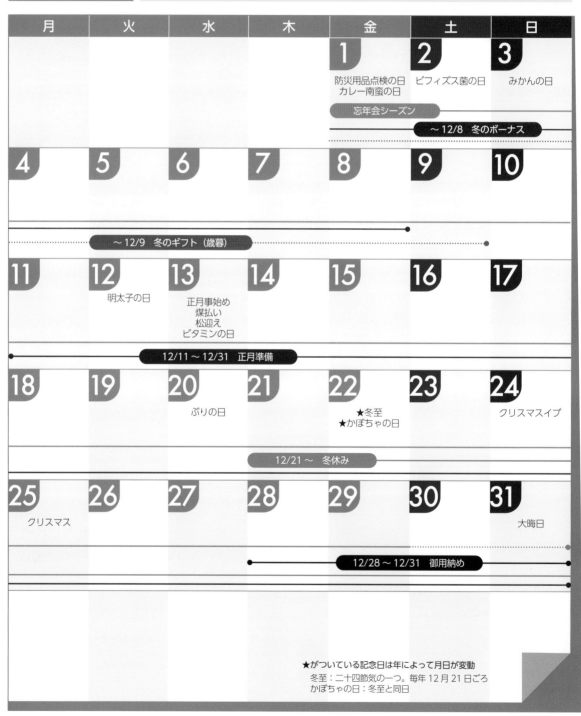

月	火	水	木	金	土	日
				1 防災用品点検の日 カレー南蛮の日	**2** ビフィズス菌の日	**3** みかんの日
4	**5**	**6**	**7**	**8**	**9**	**10**
11	**12** 明太子の日	**13** 正月事始め 煤払い 松迎え ビタミンの日	**14**	**15**	**16**	**17**
18	**19**	**20** ぶりの日	**21**	**22** ★冬至 ★かぼちゃの日	**23**	**24** クリスマスイブ
25 クリスマス	**26**	**27**	**28**	**29**	**30**	**31** 大晦日

忘年会シーズン

～12/8　冬のボーナス

～12/9　冬のギフト（歳暮）

12/11～12/31　正月準備

12/21～　冬休み

12/28～12/31　御用納め

★がついている記念日は年によって月日が変動
冬至：二十四節気の一つ。毎年12月21日ごろ
かぼちゃの日：冬至と同日

月のポイント

1 クリスマス

コロナ禍を経て「おうちクリスマス」は定着しつつあり、クリスマスの食事では近年アヒージョやパエリアなどの提案が多く見られる。

2 年末年始

年末に向けて消費支出が高まり、ビールや日本酒は年末年始の売上げが最も高い。また、近年スーパーにおいて年始休業の動きが拡大しているので、年始分の売上げも確保したい。

年間平均に比べ12月によく食べられているメニュー※（特化度1.1以上）

主食	温かい汁うどん、醤油ラーメン、ピザ、フランスパン、肉まん、雑炊・おじや、温かい汁そば、味噌ラーメン、お茶漬け、磯辺焼き、にぎり寿司、塩ラーメン、おかゆ、天ぷらそば、ドーナッツ
汁物	コーンポタージュスープ、コンソメ味の野菜スープ、豚汁、その他の中華風スープ、コーン以外のポタージュスープ、トマト味のスープ
主菜	おでん、かぼちゃの煮物・含め煮、寄せ鍋（味付けつゆの鍋）、大根の煮物・含め煮、フライドポテト、チキンのクリームシチュー、ローストチキン、フライドチキン、和風鍋、チキンナゲット、ごぼう以外のきんぴら料理、明太子、その他の鍋、湯豆腐
副菜	茹でブロッコリー、白菜漬け、大根サラダ
菓子・デザート	チョコレート、ビスケット・クッキー
飲料	コーヒー、紅茶、ほうじ茶、炭酸飲料（サイダー等）、その他の日本茶、ココア

出所：㈱ライフスケープマーケティングの食MAP®データです。
※ 2017年～ 2021年12月TI値合算の上位メニューをTI値順に記載（食卓機会：朝・昼・夕、TI値：5.0以上、特化度：1.1以上）
TI値：1,000食卓あたりの出現回数。　特化度：2017年1月～ 2021年12月のTI値合算に対する特化度。

12月によく売れるもの

分類	総合	PI値	加工食品	PI値	チルド	PI値	冷凍食品	PI値
カテゴリー	国産（5社）ビール	30,697	鏡もち	9,833	そば（チルド麺）	5,321	冷凍水産素材	9,179
	ハム・焼豚	12,764	その他畜産加工品注1	8,228	チルドピザ類	3,543	冷凍グラタン、ドリア	1,162
	その他洋風チルドデザート	12,016	包装もち	7,004	麺関連品	2,058	冷凍ピザ	623
	練りおせち関連品	10,203	魚卵	6,888	チルド和風煮物	1,975	冷生地	316
	鏡もち	9,833	万能つゆ	4,907	その他チルド洋風調理加工品注2	987	その他冷凍惣菜・調理注3	304

分類	日配品	PI値	菓子	PI値	飲料	PI値	酒類	PI値
カテゴリー	ハム・焼豚	12,764	その他洋風チルドデザート注4	12,016	インスタントコーヒー	7,053	国産（5社）ビール	30,697
	練りおせち関連品	10,203	生ポテト（スナック）	5,929	リーフ日本茶	3,022	普通酒	8,269
	煮豆	7,348	農産系珍味	4,590	レギュラーコーヒー（粉）	2,422	芋焼酎	5,374
	玉子焼・だし巻き玉子	6,862	徳用袋ビス/クッキー/ケーキ	3,583	簡易型レギュラーコーヒー	2,240	国産ウイスキー	5,041
	佃煮	6,802	いか（珍味）	3,436	レギュラーコーヒー（豆）	312	麦焼酎	4,222

出所：㈱KSP-SPのKSP-POS（食品スーパー）をもとに国分グループ本社で集計
抽出期間：2021年1～ 12月、各月で年間1位のカテゴリー（細分類）上位5カテゴリーを、大分類ごとに提示
PI値：1カ月の店舗来店者1,000人当たりの購入金額
注1：ミートボール、ハンバーグなど　注2：テリーヌ、オードブルなど　注3：冷凍の調理済み総菜など　注4：ショートケーキ、モンブランなど

週のポイント！

12/1
防災用品点検の日、
カレー南蛮の日

12/2
ビフィズス菌の日

12/3 みかんの日

Key Word

冬のボーナス

「おうち忘年会」でステーキやすき焼きなどごちそうを打ち出し。部位にこだわった提案やブランド肉に、ステーキ用岩塩など調味料もランクアップする提案で単価アップ。

ご当地フェア

クリスマス・正月前のすき間の週。「行ったつもり」のご当地フェアでは、ホットメニューの中で人気の高い中華まんに注目するのもおすすめ。

ホットメニュー

寒さが増すなか、うどんはカップ［1.5倍］やチルド麺［1.4倍］などがよく売れる。大掃除の時期でもあり、簡単に作ることのできる和洋さまざまなレシピを提案。

年間52週中の支出金額順位

（　）は年間平均を1.00とした場合の指数

内食	中食	外食	食費計
7位	47位	11位	8位
(1.03)	(0.93)	(1.18)	(1.04)

平日	休日	平日	休日	平日	休日	平日	休日
7位	6位	48位	28位	11位	7位	9位	7位

チラシテーマ

（　）は企業数：社

- 年末年始（13）
- 駅弁・空弁・各地銘菓（8）
- 鍋（8）
- メーカーフェア（5）
- メニュー提案（5）
- あったか（4）

週次金額PI値上位データ

特化度1.5以上

細分類	PI値	特化度
鍋物つゆ	4,623	1.94
魚卵	2,611	1.54
クッキー・ビスケット・チョコギフト	2,225	1.88
チルド中華饅頭	1,841	1.71
包装もち	1,812	2.19
農産系珍味	1,657	1.61

週のポイント！

12/12
明太子の日

12/13
ビタミンの日

Key Word

体調管理

インフルエンザなどが流行り始める時期。乳酸菌飲料やのど飴などに「手軽な体調管理で冬を乗りきろう」POPで打ち出しを強化。

ケーキ材料

クリスマスケーキ用に、製菓材料［1.6倍］や生クリーム［2.3倍］をスポンジ台と共に展開。ズコットケーキなど話題のケーキの簡単レシピ紹介も一案。

ぶりの日

翌週の12月20日ぶりの日に絡めて、ぶりを使ったメニューを、ふっくらとさせる焼き方など上手に楽しむコツとともに打ち出し。

年間52週中の支出金額順位

（　）は年間平均を1.00とした場合の指数

内食	中食	外食	食費計
5位	45位	7位	6位
(1.05)	(0.93)	(1.22)	(1.06)

平日	休日	平日	休日	平日	休日	平日	休日
5位	5位	35位	45位	10位	3位	5位	4位

チラシテーマ

（　）は企業数：社

- 年末年始（16）
- 12/25クリスマス（13）
- 冬至（12）
- 鍋（10）
- 12/20ぶりの日（6）
- メニュー提案（5）

週次金額PI値上位データ

特化度1.5以上
成人の日、大学入学共通テスト

細分類	PI値	特化度
鍋物つゆ	4,623	2.22
冷凍水産素材	3,093	1.51
うどんカップ	2,824	1.51
魚卵	2,611	1.86
クッキー・ビスケット・チョコギフト	2,225	1.92
糸蒟蒻	1,972	1.54

12/18 〜 12/24

週のポイント！

12/20　ぶりの日
12/22　冬至、
　　　　かぼちゃの日
12/24　クリスマスイブ

Key Word

おうちクリスマス

定番のチキンをはじめ、近年打ち出しが目立つアヒージョやパエリアは、レシピ付き POP と共におうちクリスマスを盛り上げる。

クリスマスのドリンク

定番のスパークリングワイン［2.2倍］やワイン［1.2倍］は、味わいの違いが一目で分かるようチャートなどを使って紹介。

冬　至

運を呼び込むといわれる南瓜（なんきん）をはじめとする「ん」のつく食べ物は、いわれを記した POP と共に提案を強化する。

年間52週中の支出金額順位
（　）は年間平均を 1.00 とした場合の指数

	内食	中食	外食	食費計
	2 位	7 位	17 位	2 位
	(1.17)	(1.06)	(1.11)	(1.15)

平日	休日	平日	休日	平日	休日	平日	休日
3 位	2 位	13 位	3 位	12 位	17 位	3 位	2 位

チラシテーマ
（　）は企業数：社

- 12/25 クリスマス（18）
- 年末年始（18）
- 冬至（17）
- 鍋（8）
- 12/20 ぶりの日（7）
- あったか（3）

週次金額 PI 値上位データ
特化度 1.5 以上
クリスマス

細分類	PI 値	特化度
その他洋風チルドデザート	8,590	2.69
普通酒	5,245	1.57
鍋物つゆ	4,623	1.84
佃煮	4,145	1.58
煮豆	3,213	2.11
冷凍水産素材	3,093	2.79

12/25 〜 12/31

週のポイント！

12/25　クリスマス
12/31　大晦日

Key Word

惣菜のおせち

おせちの人気ランキングやいわれを POP で掲示。同種類の商品は各々特徴を説明し、買いやすい売り場作りを心がける。

ノンアルコール飲料

「ドライバーさんも安心、楽しいお祝いの場に」などのフレーズで、酒類売り場ではノンアルコール飲料も提案し、買い上げ点数アップを狙う。

年明けの食事

年始に連休するお店が増えてきている。カレー、レトルト、カップ麺、袋麺、飲料、酒類など、年始の分をしっかり年末で売り込むことが大事。

年間52週中の支出金額順位
（　）は年間平均を 1.00 とした場合の指数

	内食	中食	外食	食費計
	1 位	1 位	2 位	1 位
	(1.70)	(1.34)	(1.53)	(1.64)

平日	休日	平日	休日	平日	休日	平日	休日
1 位	1 位	4 位	1 位	2 位	13 位	1 位	1 位

チラシテーマ
（　）は企業数：社

- 年末年始（18）
- 鍋（4）
- 12/25 クリスマス（3）
- 駅弁・空弁・各地銘菓（3）
- 1/3 三日とろろ（1）
- 1/7 春の七草（1）

週次金額 PI 値上位データ
特化度 1.5 以上
大晦日、正月

細分類	PI 値	特化度
国産（5社）ビール	24,301	2.10
ハム・焼豚	9,668	2.07
Ｌ低アルコール・チューハイ	6,347	1.51
生ポテト	5,325	1.52
普通酒	5,245	2.33
鍋物つゆ	4,623	2.03

12月の企画

メイン企画
クリスマス

クリスマスの食卓をアップデート！
～おうちクリスマスをさらに盛り上げマス～

クリスマスの食事では、メニューのマンネリ化に悩む声や簡便性を求める声が多いことから、トレンド・手軽さ・豪華さの3つの切り口を提案。ケーキとドリンクはトレンドを押さえ、手作りケーキ、オレンジワイン、ノンアルコールなど幅広く打ち出す。

提案①　クリスマスの食事をアップデート

トレンド、手軽さ、サステナブルの3つの切り口から、メニューや売り場での訴求方法について提案。

チキン

クリスマスの定番メニューとして多く訴求されており、手作りでも惣菜でも楽しまれている。

トレンド
手作りも惣菜も！流行のスパイスでチキンの味変を楽しむ

オレガノで味変

カレー粉で味変

バジルで味変

手軽さ
30分で完成！フライパンで作る簡単ローストチキン
〔提案商品〕
鶏がらスープの素
チキンの美味しい温め方を売り場で紹介

豪華さ
とろ～りチーズをたっぷりかけたチキンステーキで盛り上がる
〔提案商品〕
チーズ、チューブにんにく

アヒージョ

チラシ上でも多く訴求が見られるアヒージョを提案。

トレンド
トレンドのにんにくをたっぷり使ったアヒージョ
〔提案商品〕**おろしにんにく、チューブにんにく、きざみにんにく**

手軽さ
コンビーフで楽チン！時短アヒージョ
〔提案商品〕**コンビーフ**

豪華さ
牡蠣、ホタテ、エビなどの海鮮をふんだんに使った豪華アヒージョ
〔提案商品〕**オリーブオイル、塩コショー**

パエリア

コメの消費拡大を目的にJA全農では、パエリアのメニューを提案するなど、クリスマスメニューとしても注目。

トレンド
人気が続くチーズをトッピングし、パエリアを贅沢に味わう
〔提案商品〕
ホールトマト、コショー、チキンブイヨン

豪華さ
肉とシーフードを豪快に使い、見た目の華やかさも楽しむ
〔提案商品〕
コンソメ、サフラン、オリーブオイル

手軽さ
手軽に本格パエリアを作ることができる「"CAN"Pの達人」シリーズもおすすめ

K&K"CAN"Pの達人　チキンパエリアの素
（国分グループ本社）

キッシュ

キッシュの検索数は12月がもっとも多い。

トレンド
トレンドのサーモンを使用したキッシュ
〔提案商品〕**粉チーズ、オリーブオイル**
ホットプレートを活用してキッシュ作り

> ホットプレートだけですべて調理するので、洗いものが少なく楽チン！

手軽さ
食パンで作る簡単「パンキッシュ」
〔提案商品〕**粉チーズ、オリーブオイル**

> ツナ缶をトッピングしても◎

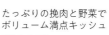

豪華さ
たっぷりの挽肉と野菜でボリューム満点キッシュ
〔提案商品〕
チーズ、挽肉、生クリーム

> 残った野菜を活用してオリジナルキッシュ作り

スープ＆サラダ

クリスマスに飲みたいスープでは、ポタージュや野菜スープが人気。

体温まるコーンポタージュ
コーン缶も加えてシャキシャキ食感を楽しむ！

野菜たっぷりスープ
キャベツとトマトでクリスマスカラーに。

雪降るシーザーサラダ
クルトンを雪に見立てて散らし、見た目も華やか。

提案② クリスマスのケーキをアップデート

クリスマスケーキは毎年コンスタントに食べられている。クリスマスならではのデザインや見た目を求める人が多い。

2021年にクリスマスケーキを食べたか

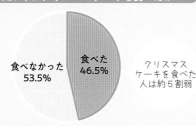

食べなかった 53.5%
食べた 46.5%

クリスマスケーキを食べた人は約5割弱

出所：食の総合情報サイトぐるっぱ
アンケート名：2021年にクリスマスケーキを食べましたか
調査方法：インターネット調査
調査期間：2022年11月25日〜11月29日
対象回答者数：1,462人

クリスマスケーキを選んだ決め手

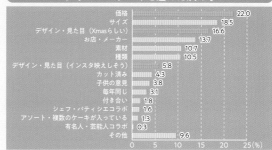

項目	(%)
価格	22.0
サイズ	18.5
デザイン・見た目（Xmasらしい）	16.6
お店・メーカー	13.7
素材	10.7
種類	10.5
デザイン・見た目（インスタ映えしそう）	5.8
カット済み	4.3
子供の意見	3.8
毎年同じ	3.1
付き合い	1.8
シェフ・パティシエコラボ	1.6
アソート・複数のケーキが入っている	1.3
有名人・芸能人コラボ	0.3
その他	9.6

出所：食の総合情報サイトぐるっぱ
アンケート名：購入の決め手はなんでしたか
調査方法：インターネット調査
調査期間：2022年11月25日〜11月29日
対象回答者数：861人（2021年にクリスマスケーキを購入した人）

トレンド バターケーキ

バタークリームをトッピングしたミニカップケーキでお手軽チャレンジ。

「バターケーキ」検索数推移

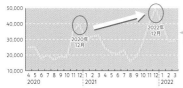

2020年12月 / 2022年12月

検索数が2020年12月対比で125%伸長、注目度が上がっている

出所：㈱ヴァリューズ分析ツール「Dockpit」の分析に基づく

トレンド かくれんぼケーキ

サプライズが仕込まれた、ホールケーキ。手軽に楽しめるドライフルーツやフルーツ入りチョコもおすすめ。

カットするとフルーツやお菓子などがこぼれ出す

トレンド ズコットケーキ

フルーツを使用した手作りズコットケーキをレシピと共に紹介。

12月に検索数が急上昇、クリスマスケーキ需要と考えられる

提案③ クリスマスのドリンクをアップデート

クリスマスの食卓に欠かせないワインそれぞれのマリアージュや味わいを訴求。

おすすめワイン

アンドレ

POP例

イチゴショートとの相性バツグン！

ケーキと合わせるなら **アンドレ** で決まり

（左）アンドレ・ブリュット （右）アンドレ・ロゼ
（国分グループ本社）

南アフリカワイン KWV

クリスマスオードブルと一緒に！KWVは日本市場でもっとも売れている南アフリカNo.1ワイン。コスパも抜群。

オレンジワイン

スパイシーなチキンにぴったり！ブドウの皮の渋みと独特なスパイス感が特徴で、スパイス料理と相性が良い。

ジャカール（シャンパーニュ）

フルーティーな口あたり。ハーフサイズもあるため、一人で楽しみたい人にも◎。

シャンパーニュで贅沢に

（左）モザイク・ブリュット 白
（右）モザイク・ロゼ
（国分グループ本社）

ノンアル＆低アル

お酒をあまり飲まない人に向けて、クリスマス気分を味わうドリンクを訴求。

ノンアルコール

グリューワイン風ノンアルコールドリンク。オレンジジュースとグレープフルーツジュースにスパイスを入れて。

子どもも楽しめる

低アルコール

若者を中心に人気が広がるハードセルツァーを訴求。

クリスマスの食卓を彩るお洒落なパッケージ

伝統×革新の年末年始

年末年始は日本の伝統的な慣習を重んじ、好意的にとらえている人が多い。一方で、おせちのメニューやチラシでは、和にこだわらない提案が増えている。そこで伝統を大切にしつつ、イマドキ要素を取り入れた新しい年末年始の食事を3つに分けて提案を行う。

提案① いいとこどりの New おせち

● 従来のおせちの売上げは好調な一方、おせちのラインナップの多様化が加速している。

おせちの売り場作り

伝統を大切にしたいという意識に応えるため、必要な情報をしっかり伝える。

大安カレンダー

お正月商材は大安に買い物をすると縁起がいいと言われている。11月下旬以降の大安カレンダーを掲示。

販売開始日掲示

日配品を中心に販売開始日を掲示。日持ちがしないものを重点的に、自社アプリなどにも掲載。

いわれ

いわれのある商材は、いわれPOPを掲示し、食べる意味合いを伝える。

POP例

なぜ食べる？
黒豆
「元気に働けますように」
「まめ」は丈夫、健康を意味する言葉

おつまみ缶おせち

家飲みの定着でおせちでもお酒との相性を重視。保存性の高さを兼ね備えたおつまみ缶詰を、新しいおせちとして提案。

缶つま

酒の肴を缶詰にしたこだわりのおつまみ。

（国分グループ本社）

かたまり肉のごちそう

味付けが濃く長期保存できるため、調理を休める新しいおせちとして提案。

かたまり肉を使ったごちそうメニュー TI値

メニュー	年間1位	三が日 TI値	期間 特化度
ローストビーフ	1月1日	37.3	7.3
煮豚	1月1日	25.3	11.9
焼き豚・チャーシュー	1月1日	23.8	7.1

年始にはかたまり肉を使ったごちそうがよく食べられる

出所：㈱ライフスケープマーケティングの食MAP®データです
食卓機会：夕食
TI値：1,000食卓あたりの出現回数
データ取得期間：2022年1月

チャーシュー・煮豚

・レンジ、炊飯器、鍋と様々な作り方ができることをアピール
・味付けが簡単な市販のたれを豚肉とクロス展開

ローストビーフ

・ソースは精肉売り場にクロス展開
・ローストビーフと相性が良いホースラディッシュは精肉、日配、惣菜各売り場にクロス展開

え び

縁起物のえびに改めて注目。人気料理のエビフライと、合わせるタルタルソースを提案。

手作りえびフライ

特別なお祝いの日に、生パン粉を提案。
〔提案商品〕
生パン粉、中濃ソース

粗挽き生パン粉
（国分グループ本社）

タルタルソース

市販品にちょい足しでワンランクアップできるレシピ提案。
〔提案商品〕ヨーグルト、オリーブ、アンチョビ、玉子

フルーツ

フルーツ缶詰は日持ちがするため特におすすめ

華やかな見た目でありながら、火を使わずに準備ができるフルーツ缶をおせちの一つとして提案。

フルーツオードブル

おせちは味の濃いメニューが多いため、食事の最後はさっぱりしたフルーツがおすすめ。

K&K にっぽんの果実
岩手県産ブルーベリー
（国分グループ本社）

フルーツ寒天

さっぱりしたデザートとしてお正月のごちそうにぴったり。

K&K にっぽんの果実
青森県産りんご
（国分グループ本社）

提案②

おせちだけじゃない！年末年始のごちそう

年末年始は行事食がよく食べられているが、それ以外にも様々なごちそうが食べられている。

すき焼き

1年で年末年始に最も食べられるすき焼きを、大々的に打ち出し。1年の締めくくりや始めは、良いお肉を使った豪華なすき焼きを提案する。

POP例

お正月のごちそうといえばすき焼き！
すき焼き七福神
お忘れなく！

良い肉、いい卵、こだわりの割下
牛脂、焼き豆腐、しらたき、長ネギ

銘店の割下やこだわりの食材など、いいお肉に合わせて関連商品もランクアップ

すき焼き 夕食 TI 値年間ランキング

順位	日付	TI 値	特化度
1	1月1日	113	15.6 ダントツ
2	1月2日	47	6.5
3	1月3日	41	5.6
4	12月31日	40	5.5
5	2月7日	31	4.3
6	12月30日	29	4.0

出所：㈱ライフスケープマーケティングの食MAP®データです
データ取得期間：2021年2月1日～22年1月31日
食卓機会：夕食
TI値：1,000食卓あたりの出現回数

年間ですき焼きをよく食べている上位6日間のうち5日間が年末年始に集中。

しゃぶしゃぶ

年始にしゃぶしゃぶがよく食べられることから、縁起のいいぶりを使ったぶりしゃぶを提案。

だし汁

しゃぶしゃぶ専用つゆを使うと、つけだれなしでも美味しく食べられる。精肉、日配、惣菜各売り場にクロス展開。

薬味

柚子胡椒、七味唐辛子は味にアクセントをつけることができる。

盛り付け

簡単な工夫をするだけでお花のような華やかな見た目になる。

シメ

残ったつゆを焼きおにぎりにかけた、だし茶漬けがおすすめ。

提案③

定番＆ニューウェーブのお酒を楽しむ

12月にいちばん売れるお酒の打ち出し強化は必須。ノンアル飲料も無視できない。特にビール、日本酒は金額PI値も非常に高いことに注目。

お酒は 12 月によく飲まれている

カテゴリー	2021年12月金額PI値	12月順位	12月特化度
ビール	32,371	1	1.3
第三のビール（新ジャンル）	18,952	12	0.9
清酒	18,457	1	1.8
チューハイ	14,962	9	1.0
単式焼酎（本格焼酎）	10,612	1	1.2
果実酒	10,129	1	1.4
発泡酒	7,171	10	1.0
ウイスキー	6,983	1	1.2

出所：㈱KSP-SPのKSP-POS（食品スーパー）を基に国分グループ本社で集計
抽出期間：2021年1月～12月
カテゴリー：酒類

ビール

プレミアムビールの他に近年のトレンド、クラフトビールやノンアルコールビールも打ち出し。

 NORMAL 各社プレミアムビールは、まとめ買いを促すことで購入金額アップを狙う。

 NEO クラフトビールは味わいに特徴があるため、簡単な説明を共に訴求を強化。

NEO ノンアルコールビールは、お酒を飲まない人にも雰囲気を共有できる。「あると安心」の言葉で訴求。

ドライバーさんも安心、楽しいお祝いの場に POP例

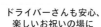

ノンアルでも気持ちは酔ってます

日本酒

定番に縁起のいい商品を、トレンドでは売上げが増加傾向のスパークリング清酒を提案。

 NORMAL 金色や紅白、福・松、干支ラベルなど縁起の良い色や名前で売り場を華やかに。

 NEO 相性のいい料理などとともに紹介し、初心者でも比較的飲みやすいことをアピール。

用語集

●記念日カレンダー
日本では、たとえば憲法記念日のような国が決めた記念日以外に、ほぼ毎日が何らかの記念日となっている。記念日カレンダーは、この記念日を見やすくまとめたもので、国分グループでは特に食に関する記念日に注目している。

●二十四節気
1年を春夏秋冬の4つの季節に分け、さらにそれぞれを6つに分け24等分したもの。冬至、春分、大寒など、季節を表す言葉として用いられている。売り場の販促に活用している。

● 52週販促カレンダー
生活者の生活のサイクルは月曜日から日曜日の1週間とし、マーケティング活動において各週にどんなことをすれば売上げの最大化を達成できるか、考えるヒントを得るために作成されたもの。

● POP（Point of purchase advertising）
材料は紙や布、プラスチックや木のボードなどに、商品名や価格、商品のセールスポイントや説明文などを伝えるもの。最近ではデジタル化されたPOPもある。

●クロス展開
主に小売業において、異なるカテゴリーの商品を売り場でその理由がお客さまに伝わるように同時陳列し、両方の購買促進を図る販促手法。例えば、酒売り場でおつまみ缶詰も陳列し、酒を購入した人におつまみ缶詰のついで買いを促すなど。

●支出金額（家計調査から）
総務省統計局が公表している資料にある1世帯あたりの特定の期間に対象となる商品やカテゴリーに使った金額。

●特化度（よく食べられているメニュー、よく売れるもの）
特化度とは、ある期間①（例えば一年間）の中の特定の期間（例えば12月）において、売上金額や売上数量などが、ある期間①の期間の平均（1.0）と比べてどのくらい上下しているかを指数化したもの。特化度2.5なら、比較している期間に比べて2.5倍売れたということ。

●食MAP
㈱ライフスケープマーケティング社が、首都圏30km圏内の400世帯を対象に、食品の購買から、実際の調理、消費までを調査し、収集・分析してマーケティングデータとして提供するサービス。
〔出現回数〕
食MAPにおける用語。主に、指定した期間内に指定したメニューが家庭の食卓に出現した回数。
〔TI値（Table Index）〕
食MAP上で使用している指数。家庭の食卓1,000食卓当たりのメニュー（or材料or商品）の出現数を表す値。式で表すと、TI値＝出現回数（メニュー数or材料数or商品数）／食卓数×1,000。
〔同時出現率〕
例えば、夕食がご飯だけ、ということはほとんど無く、味噌汁であったり、漬物やメインのおかずがご飯の周りに並ぶ。ある特定のメニューが食卓に出現したときに、他のメニューが同じ食卓に出現する確率を示したもの。
〔M値（Menu値）〕
M値とは、ある食材（材料or商品）が何種類のメニューに使われたかの数値であり、その食材の汎用性を表す指数。

● PI値（Purchase Index）
小売店舗などで用いられる、来店客（レジ通過）1,000人当たりの購買指数のこと。購入金額や個数などに対して用いられ、商品単位やカテゴリー単位などで計算される。PI値が高いと商品の購入可能性が高い、よく売れているといった事象が読み取れる。PI値は店舗の大小による差がほぼなくなり店舗や企業の比較がしやすい数値となるので、流通業界で広く使われている。

● POS（point of sales）
販売時点という意味で、販売情報を即時に管理するシステムのこと。スーパーマーケットのレジを通過した購買情報をデータベースに取り込み、マーチャンダイジング、在庫管理、商品搬入などを統合的に管理するシステム。これに個人の情報をひもづけしたデータがID - POSと呼ばれている。
〔POSの分類〕
食の多様化に伴い食の分類も複雑化し、項目も増加傾向にある。国分グループでは取扱商品を食品・酒類で800以上の分類を設定し、さまざまな分析に活用している。市場POS情報を販売するデータ会社から、全国のPOS情報を購入し、今、生活者の食がどのように変化しているのかの1つの指標として利用、活用している。

●週のポイントの見方

1年は52週あり、各週のポイントには記念日とその週に押さえておくべき販促ポイントのほか、データとして支出金額順位、チラシテーマ、週次金額PI値を掲載。KeyWord内の数字［ ］は、特化度を表す。表記されているカテゴリーが52週の中の該当週において、POSデータによる売上金額が52週の平均（1.00）と比べてどのくらい上下したかを指数化したものを、ここでは特化度としている。

●年間52週中の支出金額順位の見方（①）
過去3年分（2017〜2019年）の家計調査を平均し内食（食品＋酒類）・中食（食費計－外食－内食）・外食・食費計の52週内での順位○○位と指数（年間平均1.0に対する割合）を、週ごとに計算し（ ）内に表記。年間で多い順に1〜52位まで順位付けした。平日、休日欄内は、平日：52週の中の平日分だけでランキングを多い順に作成したもの（1位から52位）。休日も同様に作成。年間の中で食事のスタイルや消費支出がどのように変動するのかを知り、販売を強化すべき時期などの参考にする（対象期間：2017年1月1日〜2019年12月31日、3年間の平均値を使っている）。

●チラシテーマ（②）
スーパーマーケット約20企業の、各テーマを週の中で取り上げていた企業数を集計したもの。テーマと取組み数から、その時期に打ち出すべきテーマをとらえる（対象期間：2021年6月〜2022年5月）。

●週次金額PI値上位データ（③）
㈱KSP-SPのKSP-POSの金額PI値と、年間平均を1.00として週ごとに指数化したもの。年間の中で、その週にどれだけ売れているかを示す（対象期間：2021年6月28日〜2022年6月27日（週別））。

第3章

注目する市場　健康

拡大を続ける健康市場の中で、2023年の注目のテーマとして「睡眠・ストレス」「オートミール」「H&BC市場」を取り上げました。国分の健康に関する取り組みも紹介します。

I

睡眠・ストレス市場

日本人は寝ていない!?

経済協力開発機構（OECD）が2021年に発表した統計によると、先進国を中心にした世界33カ国の中で日本の睡眠時間はもっとも短く、1日あたり442分（7時間22分）だった。

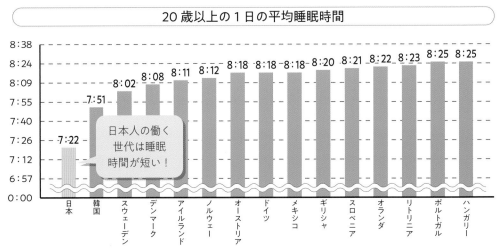

20歳以上の1日の平均睡眠時間

出所：OECD（経済協力開発機構）Gender data portal2021 Time use across the world

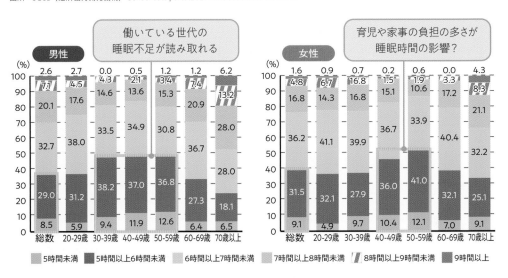

出所：厚生労働省「国民健康・栄養調査」（令和元年）

広がる「良い睡眠サポート」市場

Q. 睡眠の質を高めるために行っている対策はあるか

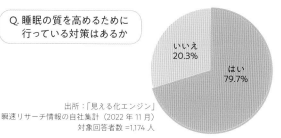

いいえ 20.3%
はい 79.7%

出所：「見える化エンジン」
瞬速リサーチ情報の自社集計（2022年11月）
対象回答者数 =1,174人

コロナ感染拡大を受けて、ここ最近「睡眠の質」に注目が集まっている。実際に、睡眠の質を高めるために何を行っているかを聞いたところ、実に全体の約8割近くの人が何かしら対策をしていると回答した。今後も睡眠市場の拡大が見込まれる。

Q. 睡眠の質を高めるためにどのような対策を行っているか

対策	%
湯船に浸かって体を温める	44.6%
ストレッチなどの軽い運動をする	40.2%
自分の体に合った寝具を購入する	27.0%
寝る前にPC画面やスマホを見ない	26.9%
睡眠のためにサプリメントや食品、ドリンクなどを取り入れる	12.7%
栄養素に気をつかった食事をとる	12.6%

出所：㈱プラスアルファ・コンサルティング「見える化エンジン」瞬速リサーチ情報の自社集計（2022年11月）
対象回答者数 =936人（複数回答）

睡眠の質を高める対策として、入浴や運動を取り入れている人が多く、どちらも4割前後となっている。一方で、サプリメントや食品を摂取する人はまだ1割であり、食品分野での認知が進んでいないと考えられる。今後は、睡眠の質にアプローチした商品の露出を高めることで、"のびしろ"に期待がもてる。

睡眠を左右する⁉「自律神経」

「質の良い睡眠」のためには「自律神経」を整える必要がある。

自律神経は、交感神経と副交感神経の2種類に分けられる。

交感神経は心と体を活動モードにする役割が、副交感神経には休息モードにする役割がある。通常、日中は交感神経が大きく働いて、夕方からは副交感神経が大きく働き、自然に心と体は夜になると休息モードになり、うまくバランスを取っている。

ストレスフルな生活をしていると、交感神経が盛んに働きっぱなしとなって副交感神経に切り替えられず、自律神経のバランスが乱れてしまう。

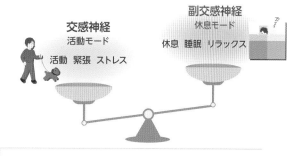

交感神経 活動モード 活動 緊張 ストレス
副交感神経 休息モード 休息 睡眠 リラックス

頭痛 だるさ イライラ 肩こり 便秘

自律神経が乱れると、夜になっても交感神経が働き睡眠の質を下げてしまう。心配ごとや気がかりなことが続くと、寝つきにくくなりやすいのは、交感神経が優位に働いてしまっている状態といえる。

出所：厚生労働省「e-ヘルスネット」ほか

141

睡眠対策として注目される成分

 Key Word

メラトニン •••••••••••••••••••••••••

　メラトニンは、脳の松果体（しょうかたい）から生成されるホルモン。夜になると自然と眠くなるのは、このホルモンが関係している。

　　メラトニンの役割
　　① 体と心を落ち着かせ、スムーズに眠りへと誘導する。
　　② 活性酸素[1] ダメージから体を守る。
　　※1 通常よりも活性化された状態の酸素。過剰になると細胞を傷つける。

メラトニンは、セロトニン[2]を材料に、夕方から生成される。ストレスフルな生活をしていると、セロトニンを分泌する神経が弱ってメラトニンも減少し、眠りづらくなってしまう。

※2 精神を安定させる働きをする神経伝達物質の1つ。幸せホルモンとも呼ばれる。

　メラトニンを作っていくためには、食事としてトリプトファンやビタミン B_6 を摂ることが大切。

乳製品や豆腐などの大豆製品、バナナ、アボカドなどの食品に豊富に含まれている	さば、さんまなどの魚類や鶏むね肉やささみ肉などに含まれている
トリプトファン	**ビタミン B_6**

メラトニンはトリプトファンというアミノ酸とビタミン B_6 を原材料として体内で生成される。
適切にメラトニンを作っていくためには、食事の中でトリプトファンやビタミン B_6 を摂ることが大切になる。

GABA •••••••••••••••••••••••••

　「GABA」とは Gamma-Amino Butyric Acid（γ-アミノ酪酸）の略で、「ギャバ」と呼ばれている。

　　GABA の役割
　　緊張やストレスなどをやわらげて、脳の興奮を鎮める。

交感神経を落ち着かせて、イライラを抑える

GABA は脳内や脊髄に多く存在している。緊張やストレスなどをやわらげ、脳の興奮を鎮める働きがあり、交感神経の働きを抑制する。

　GABA は体内でも作られる成分で、食物ではカカオやトマト、発芽玄米に含まれている。

良い睡眠に期待できる効果

疲労回復

睡眠を十分に取ることで内分泌機能が向上し、代謝促進やストレスへの耐性が強まる。

生活習慣病の予防

不規則な生活習慣を続けていると、生活習慣病を発症させるリスクが高まる。

> 睡眠不足は生活習慣の乱れを招く一因

ストレス・うつ症状の緩和

ぐっすり眠ることで脳内の分泌物質を正常に戻し、ストレスやうつ症状を緩和・軽減することが期待できる。

肥満予防

食欲をコントロールするホルモンは、睡眠と密接に関係する。十分な睡眠を確保することは、太りにくい体質作りにつながる。

美容促進・美肌効果

睡眠時に発生する成長ホルモンが肌のターンオーバーを促進。深い眠りに入ると同時に分泌が始まる。

運動のパフォーマンスアップ

午睡（昼寝）など、短時間でも深く眠ることで体力の回復を促す。

> 練習の質を上げる！

出所：厚生労働省「e-ヘルスネット」ほか

睡眠×肥満予防

食欲をコントロールするホルモンは睡眠と密接な関係を持っている。

グレリン

胃から分泌される食欲増進ホルモン

食欲増進

レプチン

食後、脂肪細胞から分泌される

食欲抑制　エネルギー代謝促進

体内ではグレリンとレプチンの2つのホルモンによって食欲のバランスが保たれている。グレリンは食欲を増進させる働きがあり、レプチンは食欲を抑えたりエネルギー代謝を促したりする。

　睡眠不足の状態になるとグレリンの分泌が多くなってしまい、レプチンの分泌は少なくなる。つまり、睡眠を十分にとることでグレリンの分泌を抑えて、暴飲暴食を防ぐことができ、最終的に、肥満予防にもつながる。

> 睡眠対策で皆を元気に！

> 睡眠については多くの人が悩まされていながら、対策に踏み出せていないのが現状となっている。食からのアプローチで、睡眠市場の可能性をさらに広げていく。

出所：（一社）日本肥満症予防協会

オートミール市場

オートミール市場は右肩上がり！

コロナ禍での健康志向の高まりにより、関心度が増したオートミール。その後、SNS や動画サイトなどでさまざまなレシピが紹介され、ブームを後押ししている。

インテージ
「2021 年売れた
ものランキング」
1位

クックパッド
「食トレンド
大賞 2021 年」大賞
オートミール
ご飯

日経トレンディ
「2021 年ヒット
商品ベスト 30」
17 位米化オート
ミール

- 腸活として免疫力を高める効果が着目された
- 米の代替として使用する（米化）レシピが SNS やテレビなどのメディアでも話題
- オートミール市場は 2021 年 100 億円程度まで拡大（日本食糧新聞社）

オートミールとは？

オーツ麦を食べやすく加工したシリアル

オートミールの原料は「燕麦（えんばく）」で、「オーツ麦」とも呼ばれている。燕麦（オーツ麦）を脱穀して調理しやすく加工したものがオートミール。

優れた栄養

オートミールは、日本人に不足しがちな鉄分やカルシウムといったミネラルも多く含まれている。食物繊維は水溶性[※1]と不溶性[※2]の両方をバランスよく含む。白米をオートミールに置き換えると、カロリーは半分、糖質量は 3 分の 1[※3] となる。

ダイエットに
最適！

※ 1 水溶性食物繊維…血液中のコレステロールを排出させる働きなどがある
※ 2 不溶性食物繊維…整腸作用に優れている
※ 3 オートミール 1 食分 30g、白米 1 食分 150g で計算

オートミールと白米の栄養比較

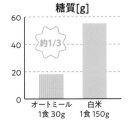

糖質[g]
約1/3
オートミール
1食 30g
白米
1食 150g

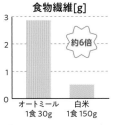

食物繊維[g]
約6倍
オートミール
1食 30g
白米
1食 150g

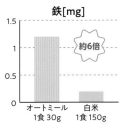

鉄[mg]
約6倍
オートミール
1食 30g
白米
1食 150g

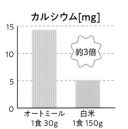

カルシウム[mg]
約3倍
オートミール
1食 30g
白米
1食 150g

出所：日本食品標準成分表 2020 年版（八訂）

様々なシーンで使用できるオートミール

朝食

GI 値[4] が低く、腹持ちが良い。

※4 食後血糖値の上昇を示す指標。GI 値が低い食材を食べると血糖値は緩やかに上昇する。

離乳食

離乳食前期から OK。簡単な調理で栄養バランスの良い離乳食を作ることができる。

ダイエット

主食をオートミールに置き換えれば、糖質もカロリーも抑えられる。

美容

抗酸化作用のあるビタミン E が豊富。天然素材の保湿入浴剤としても使える。

介護食

調理する水分量を変えるだけで、歯ごたえのある固さからドロドロまで食感を調節できる。

筋トレ

良質なたんぱく質やビタミン、ミネラルといった栄養素を豊富に含む。

出所：日本食品製造(資)（http://www.Oatmeal.co.jp）

オートミールに対する生活者の声

オートミールの良いと思う点

- 食物繊維が多いこと　71.6%
- 糖質が低いこと　35.2%
- たんぱく質が多いこと　27.0%
- 準備や調理が手軽であること　13.3%
- 値段が手ごろであること　8.7%
- 味わい（美味しさ）　8.7%
- その他　4.1%

出所：㈱プラスアルファ・コンサルティング「見える化エンジン」
瞬速リサーチ情報の自社集計（2022 年 11 月）
対象回答者数 =415 人（良いと思う点がある人、複数回答）

オートミールを知っているが、まだ食べたことのない理由

- 興味はあるが、美味しくなさそうだから　44.8%
- 興味がないから　30.1%
- 興味はあるが、食べ方が分からないから　23.6%
- 興味はあるが、調理がめんどくさそうだから　13.8%

出所：㈱プラスアルファ・コンサルティング「見える化エンジン」
瞬速リサーチ情報の自社集計（2022 年 11 月）
対象回答者数 =458 人（オートミールを食べたことがない人、複数回答）

オートミールを普段から食べている人

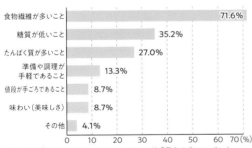

食物繊維が多い

栄養豊富！

レンジやお湯でできるから調理が簡単♪

オートミールに興味はあるが、食べたことがない人

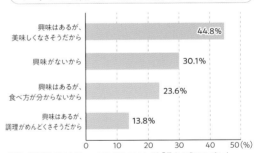

おいしくなさそう…

食べ方が分からないし、面倒くさそう…

オートミールを食べている人と食べていない人の間には味のイメージに対して大きなギャップがある。食べ方が分からない点もハードルとなっている。
→新規ユーザーへの食べ方提案・レシピ提案が鍵！

Ⅲ H&BC 市場

注目されるH & BC市場への情報発信

　近年、生活者の健康志向の高まりや美への関心は衰えることはなく、ヘルス＆ビューティーケア（H&BC）市場は注目されてきた。すべてのメーカーや小売業では、「店舗で、どのように健康や美容テーマにアプローチするか」を考えないといけなくなっている。

　コロナ禍で、巣ごもり生活やテレワーク導入が一気に進むなど生活が大きく変化。「免疫力」「アイケア」「メンズコスメ」といった新たな健康・美容テーマが生まれた。健康・美容意識が高まったことで今まで以上にH&BCカテゴリーが注目され、今後も市場の拡大は続くと予測される。

注目のH&BC市場

テーマ	市場予測	キーワード
免疫力	腸内環境や睡眠の質の改善、体温を上げるなどいろいろな方面からアプローチ	乳酸菌
冷え性	血行を良くすることが免疫力強化にもつながる女性や高齢者だけでなく幅広い需要に期待	ショウガオール、ジンゲロール、シトルリン、モノグルコシルヘスペリジン、ヒハツ由来ピペリン類
運動（スポーツサポート）	シーン別のニーズを満たす栄養素や利便性を訴求した食品、サプリメントなど	アミノ酸、クエン酸、プロテイン、ビタミンD
腸活	乳酸菌をはじめ食物繊維、オリゴ糖が腸内環境の改善につながる3要素に	乳酸菌、食物繊維、オリゴ糖
子どもの健康	子ども1人当たりにかける金額は増加。成長過程の子どもに向けた栄養補助食品やサプリメントの重要性は増す	鉄分、カルシウム、ビタミンA、ビタミンD、DHA、乳酸菌、アントシアニン
睡眠	機能性表示食品制度が始まって以降、睡眠市場は毎年拡大「質の良い睡眠」に注目が集まる	グリシン、テアニン、GABA
フレイル	高齢者は運動不足による筋肉量減少や筋力低下のスピードが速く、ロコモ・サルコペニア・フレイル対策拡大が想定	グルコサミン塩酸塩、ケルセチン配糖体、ロイシン、枯草菌C-302株
認知機能サポート	超高齢化に伴い認知機能低下への予防意識はさらに高まり、シニア層＋中高年層の獲得が加速	テアニン、茶カテキン、GABA
アイケア	「VDT症候群」「スマホ老眼」などスマホ・PCの普及より目の悩みを持っている人は増加傾向	ゼアキサンチン、八ツ目鰻油、精製ヒアルロン酸ナトリウム（医薬品）
メンズコスメ	市場は拡大しているが世界的にみればまだ遅れており、今後さらなる成長が見込まれる	シンプルパッケージの高機能商材

リアルボイスで見る"身体のホンネ" コロナ禍前後の変化

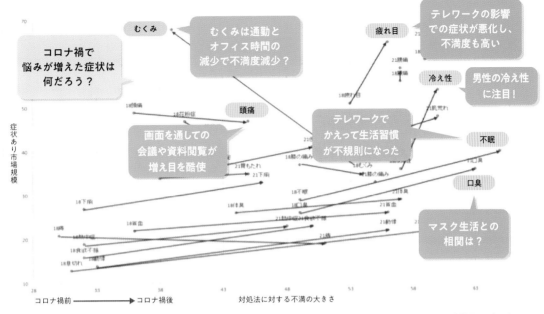

出所：「健康と食・栄養に関する調査2021」㈱リンクアンドコミュニケーション・国分㈱共同アンケート

自分時間の増加で自分の身体を見つめ直す余裕ができ、あらためて健康意識が高まった。
身体の不調や不満に気づく中、「むくみ」だけは改善している。運動などを好きな時間に
取り入れられたことなどが予測される。

『H&BC の未来を考える』 を発信

　国分グループ本社㈱と、大木ヘルスケアホールディングス㈱は 2021 年 5 月、ヘルス＆ビューティーケア市場の 10 ～ 15 年後の未来を予測した調査レポート『H&BC (Health & Beauty Care) の未来を考える』を作成・発信した。

1. 目的

　2007 年に業務提携を締結した医薬系卸の大木ヘルスケアホールディングスとの活動ノウハウを生かし、これまでの歴史や注目すべきテーマについて掘り下げ、今後どう変化していくのかを予測。さまざまなデータ分析や生活者へのアンケート調査などから「H&BC」のマーケットを読み解き、未来を予測し、より望まれる「商品開発」や「売り場づくり」のソリューション提案を行う。

〔レポート内容に関するお問い合わせ〕
国分グループ本社（株）
マーケティング・商品統括部マーケティング部企画課
電話：03-3276-4178

2. 概要

・H&BC 市場の振り返り
・H&BC 市場の注目テーマ
・テーマ別市場動向予測
・用語集

IV 健康イベントの取り組み

健康測定器の活用と専門家による栄養相談

　国分グループでは生活者の健康意識の向上支援や売り場における関連商品の販売支援、来店するお客様の満足度の向上などを目的として、健康に関するイベントをお得意先様と共に開催している。各種健康測定器を使用し、希望者には管理栄養士による栄養相談も実施している。

健康イベント

健康測定器と管理栄養士による栄養相談で健康状態を自ら把握。客観的な判断ができる。

健康測定器

骨健康度

血管年齢

肌年齢

管理栄養士による栄養相談
健康測定器で測定した結果をもとに、1人1人に合った栄養相談を行ったり、健康についての相談を受けたりと、生活者とのコミュニケーションの場ともなっている。

当日は店内放送でも告知

じっくり相談し一人当たりの所要時間が長めになることも

ショッピングセンターのイートインスペースなどで実施

無料での実施が好評

【参加者の声】
- 測定結果と栄養相談から、自身の普段の食事に問題がないと分かり、安心できた。
- 気にはしているが病院に行くのは面倒だったので、買い物のついでに手軽に測定ができてよかった。
- 定期的に実施してほしい。
- 自分の健康を見直すきっかけになった。
- イベントに参加したいので、チラシも入れてほしい。

コレステロール値を心配されている女性が多かった

2023年の トレンドキーワード

はずれたら ごめんなさい

抹茶

インバウンド需要や新商品でまだまだ盛り上がる！

「綾鷹カフェ 抹茶ラテ」（日本コカ・コーラ㈱）や「クラフトボス 抹茶ラテ」（サントリー食品インターナショナル㈱）の人気により、抹茶ラテの金額 PI 値は、2021 年は 2 年前と比べて約 3 倍に増加。抹茶への注目度は上がっている。

2023 年は…
水際対策緩和によるインバウンド回復の見込みが抹茶の需要を後押しすると予想される。
抹茶フレーバーはまだまだ伸び続けると同時に新たな抹茶グルメの登場にも期待！

● **こんなものにも抹茶が！？広がる抹茶商品**
・抹茶 × ラーメン
・抹茶 × ビール

完全栄養食

ますます"栄養"が注目される⁉

「完全栄養食」とは、「日本人の食事摂取基準」に示された必須栄養素をすべて含んだ商品のこと。1 食分で 1 日に必要な栄養素の約 3 分の 1 が摂れるものが数多く登場している。2021 年に BASEFOOD が、2022 年には日清食品がリアル店舗で購入できる商品を発売し、一気に市場が拡大している。

● **食事と健康の意識の変化**

以　前	今　後
糖質ゼロ、減塩といった「摂取しないこと」（減らす）を意識した健康管理が注目されていた。	発酵食品による免疫強化、たんぱく質による栄養強化というような「栄養素を摂取する」意識が高まりつつある。

2023 年は…
物価が高騰しているため、少ない食材数で多種多様の栄養素を摂取できる食材を選ぶようになり、おいしい完全栄養食も人気になりそう。

マイボトル

飲料の値上がりによって、マイボトルへの注目が高まる

Q ペットボトル飲料が値上げされた場合、マイボトルの利用頻度について教えてください。

	(%)
マイボトルを利用しており、変わらない	49.7%
マイボトルを値上げに合わせて利用し始めたい	23.7%
マイボトルは利用しない	26.6%

出所：食の総合情報サイト ぐるっぱ「ペットボトル飲料値上げに伴う意識調査」
調査期間：2022 年 7 月 11 日～7 月 18 日　対象回答者数＝1602 人

● **企業や自治体によるマイボトルの利用促進への取り組みにも注目**
兵庫県尼崎市は、9 月 13 日～11 月 11 日の期間、阪急電鉄の駅構内にマイボトル専用の給水器を設置する実証実験を開始。

2023 年は…
マイボトルの普及により、家から飲み物を持ってくる人が増え、家で作れる水出しティーバックの需要も増加すると予測。また、マイボトルへの関心は女性の方が高いことから、美容効果やリラックス効果のある成分が入った嗜好飲料の人気が高まる可能性も。

クラフトノンアルコールビール

Black Beer

ノンアルコールビールも「クラフト」がキーワード

現在、全国でクラフトビールをつくる醸造所は、400 か所を超え、空前のクラフトビールブームとなっている。また、ノンアルコールビール市場も様々な機能性商品が生活者に大きく支持されている。

2023 年は…
クラフトビールとノンアルコールビールの市場拡大を背景に、今後、クラフトノンアルコールビールは飲み手のニーズの多様化と相まって、大きく市場を拡大する可能性がある。

豆

高タンパクで低脂肪！
ひよこ豆とレンズ豆に注目

●ひよこ豆とは
1個の突起が鳥の頭のような形であることが名前の由来。大豆よりも低カロリー低脂肪で、タンパク質や食物繊維が豊富。

●レンズ豆とは
日本では扁豆（ヒラマメ）といい、原産はメソポタミア地域。海外の多くの国で、ごく一般的に使われており、栄養価が高いことからベジタリアンやヴィーガンからも人気。

2023年は…
コロナ禍で人々の健康志向が高まっている今、身体にも地球にも優しく、なおかつアレンジの幅も広いひよこ豆、レンズ豆は、さらに人気が高まっていくだろう。

●ひよこ豆を使った代表的な料理「フムス」
フムスは中東諸国で広く食べられているひよこ豆のペースト。植物性の材料だけで作られているのでベジタリアンフードとしても注目。

睡眠市場

睡眠市場は拡大中 （第3章のIを参照）

コロナ禍に伴うテレワークで生活リズムが乱れたり、先々の不安を抱えたりして「なかなか寝付けない」と悩む人が増え、睡眠の質を高める効果をうたう飲食料品への人気が高まっている。

SNS上で話題になった2021年10月販売の乳酸菌飲料「ヤクルトY1000」（㈱ヤクルト本社）をはじめ、「カルビーにゅ～みん」（カルビー㈱）（2022年3月発売）、「アサヒ飲料届く強さの乳酸菌W」（アサヒ飲料㈱）など睡眠サポート商品が相次いで発売。

2023年は…
睡眠に関する悩みは、仕事によるストレス、加齢、生活リズムの乱れ…といった要因が多く挙げられる。時代の変化とともに、生活者が抱える睡眠の悩み別に商品展開されていくのでは。

ガチ中華　人気加速中！ガチ中華

●ガチ中華とは
中国人が中国人向けにガチな中華を提供しているお店のこと。「本場の味が楽しめる」「非日常を味わえる」と人気。

●外食が火付け役
"中国にいったつもり"を楽しめるスポットとして話題。特に注目が集まる店舗から、キーワードをピックアップ。
①新興ビジュアル…ギラギラとした内装がSNS映えと人気
　ナマズの麻辣包み煮など、四

川の本場の調味料で味付けされた本格的なガチ中華を味わうことができる。
「撒椒小酒館（サージャオシャオジウグアン）」上野店
②中華フードコート…中国語で書かれたメニューがずらりと並ぶ
　中国屋台料理が食べられるフードコート。日本人向けアレンジのされていない、本場そのままの味を楽しめることから話題に。
「友誼食府（ユウギショクフ）」池袋店

2023年は…
本場の味を楽しめるガチ○○は中華にとどまらず、エスニックはじめカテゴリーの広がりが予想される。

昼飲み　"昼飲み"はニューノーマルに

新型コロナウイルスの影響で時短営業要請を受け、夜遅くまで営業している飲食店が減少。代わりに昼営業を開始する店は増加し、「昼飲み」を楽しむ人が増えている。

コロナ禍によりテレワークをする人が増加し、通勤時間がなくなったことで時間ができ、飲み始める時間が早くなったという理由が多く見られた。

2023年は…
夏の昼は年々暑さが増すと考えられるため、お酒を凍らせた提案も。野外のバーベキューの保冷材代わりに！

イクメンサポート

「産後パパ育休」は2022年10月1日に始まった国の制度で、子どもが生まれて8週間以内に最長で4週間、男性が育休を取得できるほか、2回に分けて取得することも可能。
国内の男性の育休取得率は2021年に13.97%と過去最高となったが、2025年までに30%という政府の目標とはまだ大きな開きがある。

2023年は…
パパの育休取得が今後進むことを想定し、まずは身近な食事を作ってみようという視点から取り組むことがポイント。

トマトサワー

レモンサワーの次に来る！トマトサワー

● トマトを使ったお酒は健康面でも注目

トマトが飲酒後の血中アルコール濃度を低下させたという報告がある。一連の研究では、トマトがアルコールの代謝を促進することも確認されているとのこと。

また、トマトに含まれる「リコピン」は二日酔いの原因となる「アセトアルデヒド」の働きを抑制し、「クエン酸」はアルコールで疲れた胃の粘膜を修復する働きがあるともいわれている。

● レッドアイ
ビール類とトマトジュースを割ったカクテル

● 割り材

トマトサワーは 20-40 歳代の男女問わず関心が高い。この先、この層の取り込みに大きな期待が持てる。

2023 年は…
トマトは健康にいいというイメージがあり、色映えの良さも◎。2023 年は外飲み、家飲み両側面からの取り組みが期待できる。

ネオ角打ち

「角打ち（かくうち）」とは、酒屋さんで買ったお酒を店内に設けられた立ち飲みスペースで気軽に楽しむこと。東京では、新橋、赤羽、浅草がよく知られている。最近はさらに進化しており、オシャレなスタンドバーのような雰囲気で、軽く一杯から楽しめる「ネオ角打ち」スタイルが増加。

● ネオ角打ちの魅力とは
❶ 手ごろな価格でお酒を楽しめる
　酒屋さんの販売価格（多少上乗せされる場合もあり）でお酒を味わえることが多い。
❷ 飲み比べが楽しめる
　複数の銘柄を少量ずつ味わうことができ、試飲感覚で楽しめる。

角打ちカフェメニューで缶つま提供

鹿児島県産
赤鶏さつま
炭火焼

日本酒をはじめ、ワイン、ビール、カクテルなどジャンルが広がりつつある。

❸ コミュニケーションの場
　同じ空間で酒を楽しむうちに自然とコミュニケーションが生まれることも。
❹ 初心者や女性でも挑戦しやすい
　居酒屋のような接客サービスがないため、自分のペースで楽しめる。おしゃれなスポットも増えており、女性でも気兼ねなく一人飲みが可能。

2023 年は…
昔から楽しまれていた角打ちは、若者の心を掴むおしゃれなネオ角打ちとして今後も進化していくと予想。若者に人気な「SNS 映え」、「コスパ」といった要素を盛り込んでいくことがポイント。

スポーツイベント

2023 年は、WBC、バスケットボール W 杯、ラグビー W 杯などビッグイベントが目白押し！

イベント	期　間	開催場所
ワールド・ベースボール・クラシック（WBC）	3月8日(水)～21 日(火)	日本・アメリカ・台湾
FIBA バスケットボールワールドカップ 2023	8月25日（金）～9月10日（日）	フィリピン、インドネシア、日本（沖縄）
ラグビーワールドカップ2023	9月8日（金）～10月28日（土）	フランス

● ワンハンドフードが人気
片手にはスマホを持ちながら、テレビを観戦するスタイルも登場。片手でつまめる料理がポイント！

● 目に優しい
テレビ観戦＆スマホを長時間見ることが続くと、気づかないうちに目にも大きな負担がかかる。ブルーベリーが含まれた商品がおすすめ！

● 眠気覚ましに
外国であれば競技時間は夜中や朝方になる可能性がある。眠気覚ましにエナジードリンクの提案も有効。

防災意識

2023 年は関東大震災から 100 年目。東京・渋谷区では過去の震災の教訓を活かし、もしもの日に備えてできることを伝えるため、防災の普及啓発イベントを実施予定、各自治体でもいろいろなイベントが実施されるとみられる。

● プラスαの付加価値がついた商品一例
・チョコレート
　チョコに睡眠向上の成分が付加されたチョコレート（GABA）
・水がなくても作れるご飯
　アルファ米にけんちん汁を注げば、水が用意できないときにも炊き込みご飯風に

2023 年は…
売り場で単純に防災用の食品を置くだけでなく、その価値を上手に伝えることが生活者の心に響くと思われる。

あとがき

　310周年を記念して「国分として何か発信していきたい、例えば、お取引先だけでなく、流通やマーケティングを学ぶ学生の皆さんに向けて、わかりやすく、国分のマーケティングの考え方を伝えられる本を出せるといいよね。」という鈴木常務の一言から、このプロジェクトが立ち上がりました。書籍を出版するなど、考えたことも、経験もなかったため、このプロジェクトは、私たちにとって、本当に大きなチャレンジでした。想像していた以上に大変な作業で、困難も数多くありましたが、一方で、プロジェクトを進めていく中で、マーケティングは本当に面白くて、奥が深いということを、改めて気づいたのも事実です。

　本書は、マーケティングに興味を持たれている学生の皆さん、若手営業の皆さんを対象としていますが、食品流通業界で活躍されるビジネスマン、卸業界を目指す皆さまにも、実務でご活用いただけるヒントを沢山、詰め込みました。「マーケティングで、売り場を、そして日本を活性化できれば」。そんな、私たちの思いが詰まっています。

　本書を執筆するにあたって、日ごろ私たち、マーケティング・商品統括部のメンバーにマーケティングについて、ご指導をいただいている高千穂大学理事・名誉教授新津 重幸様、株式会社Mission01 代表取締役髙田 英男様より、ご寄稿を快くお引き受けいただきました。また「KSP-POS（食品スーパー）」の株式会社KSP-SP、「見える化エンジン」瞬速リサーチの株式会社プラスアルファ・コンサルティング、「食MAP®」の株式会社ライフスケープマーケティング、分析ツール「Dockpit」の株式会社ヴァリューズ、株式会社インテージ、株式会社リンクアンドコミュニケーションの各社には、データの活用にあたり、多大なるご協力をいただきました。皆さまに、感謝の意を表するとともに、お礼の言葉を添えさせていただきます。本当にありがとうございました。

　そして日本食糧新聞社様には、出版の経験のない私たちに、本当に多くのアドバイスとお力添えいただき、最後までお付き合いいただきましたこと、重ねてお礼を申し上げます。

　本書が、マーケティングを学ぶ皆さま、そして流通業界で仕事をする皆さまにとって、ほんの少しでもお役に立てば、大変うれしく思います。

マーケティング書籍出版プロジェクトメンバー一同

食が楽しくなる♪365日の○○

定価 2,750円（本体2,500円＋税10%）

2022年12月20日　初版発行

監　修　国分グループ本社㈱マーケティング・商品統括部
発行人　杉田　尚
発行所　株式会社日本食糧新聞社
　　　　編集　〒101-0051　東京都千代田区神田神保町2-5 北沢ビル
　　　　　　　電話03-3288-2177　　FAX03-5210-7718
　　　　販売　〒104-0032　東京都中央区八丁堀2-14-4 ヤブ原ビル
　　　　　　　電話03-3537-1311　　FAX03-3537-1071

印刷所　株式会社日本出版制作センター
　　　　　　　〒101-0051　東京都千代田区神田神保町2-5 北沢ビル
　　　　　　　電話03-3234-6901　　FAX03-5210-7718